SECRET PLACES SÜDENGLAND

Verborgene Orte und wilde Natur –
von Cornwall bis Kent

SECRET PLACES

SÜDENGLAND

Verborgene Orte und wilde Natur – von Cornwall bis Kent

Jörg Berghoff
Richard Gardner

BRUCKMANN

INHALTSVERZEICHNIS

Auch am Hartland Quay, beim Charles Kingsley Festival in Clovelly, in London, in der St Pancras Old Church und in Avebury warten authentische Erlebnisse (unten v. l. n. r.).

Archaisch: In der Cheddar-Schlucht in den Mendip Hills in Somerset fühlt man sich in die Urzeit zurückversetzt (oben).

BRISTOL, BATH, SOMERSET, DORSET

DEVON UND CORNWALL

0
30 km
N
Gorey
Enniscorthy
IRLAND
Loch Garman
Wexford
Rosslare Harbour
Carnsore Point
Cardigan Bay
Machynlleth
Welshpool
Newtown
Aberystwyth
Llangurig
Rhayader
Bishop's Castle
Knighton
Ludlow
Bridgnorth
Aberaeron
Lampeter
Builth Wells
Hereford
Ledbury
Wye
Cardigan
Fishguard
St. David's
Llandovery
Brecon
Llandeilo
Tywi
Carmarthen
Abergavenny
Haverfordwest
St. Clears
Milford Haven
Pembroke
Llanelli
Neath
Merthyr Tydfil
Rhondda
Swansea
Port Talbot
Newport
Bridgend
Cardiff
Barry
Severn
Clevedon
Clifton
Bristol
Weston-Super-Mare
Cheddar
Bristol Channel
Burnham-on-Sea
Wells
Lundy Island
47
Ilfracombe
Lynton
Lyn-mouth
Porlock
Minehead
Dunster
39
Glastonbury
41
Barnstaple
Exmoor National Park
40
Bridgwater
Street
Hartland
48
Bideford
Clovelly
46
38
Taunton
Ilchester
Yeovil
Tiverton
Beaminster
42
Bude
Honiton
Bridport
Okehampton
Exeter
Lyme Regis
Chagford
43
Launceston
Camelford
Exmouth
Weymouth
Tavistock
Ashburton
Padstow
Dartmoor National Park
45
Bodmin
Liskeard
Torquay
Newquay
Torpoint
Looe
49
Plymouth
Totnes
Dartmouth
St. Austell
Polperro
Truro
Kingsbridge
St. Ives
Redruth
Falmouth
Penzance
Sennen
Mousehole
Land's End
Porthcurno
Lizard
Lizard Point
Isles of Scilly
50
Jurassic
34
35

Leicester
Walsall
HAM
Market Harborough
Corby
Peterborough
March
Lowestoft
Coventry
Rugby
Kettering
Huntingdon
Ely
Thetford
Diss
Kenilworth
Bury St. Edmunds
Saymundham
Alcester
Stratford-upon-Avon
Northampton
Newmarket
Cambridge
Ipswich
Evesham
Bedford
Sudbury
Felixstowe
Banbury
Harwich
Baldock
Luton
Braintree
Colchester
Cheltenham
Woodstock
Bishop´s Stortford
Clacton-on-Sea
Burford
Oxford
St. Albans
Chelmsford
Cirencester
High Wycombe
Watford
Tetbury
Henley-on-Thames
LONDON
Southend-on-Sea
Swindon
Cookham
Pang-bourne
Woodley
Tilbury
Themse
Isle of Sheppey
Chippen-ham
Avebury
Reading
Windsor
Thames Ditton
Hogsmill River
Sheerness
Rochester
Whitstable
Birchington
Margate
North Foreland
Broadstairs
Ramsgate
Lacock
Marlborough
Newbury
Staines
Faversham
Canterbury
Painshill
Sandwich
Devizes
Crofton
Basing-stoke
Guildford
North Downs
Maidstone
Deal
Redhill
Dorking
Tonbridge
South Foreland
Farnham
Warminster
Ashford
Dover
Deptford
Chawton
Royal Tunbridge Wells
Sissing-hurst
Folkestone
Calais
Old Sarum
Winchester
Billings-hurst
Herstmonceux
New Romney
Salisbury
Hambledon
Midhurst
South Downs
Uckfield
Rye
Lydd
Dungeness
Straße von Dover
Cap Gris-Nez
Lewes
Bexhill
Winchelsea
Hastings
Southampton
Arundel
Wimborn Minster
Lyndhurst
New Forest National Park
Brockenhurst
Chichester
Worthing
Brighton
Burley
Goring-by-Sea
New-haven
Eastbourne
Boulogne-sur-Mer
Christ-church
Cowes
Portsmouth
Lymington
Ryde
Poole
Bourne-mouth
Yarmouth
Newport
Isle of Purbeck
Swanage
Isle of Wight
Ventnor
Le Paris-Plage
Montreuil
Ärmelkanal
Cayeux-sur-Mer
Eu
Dieppe
St-Valéry-en-Caux
FRANKREICH
Fécamp
Neufchâtel-en-Bray
Cap de la Hague
Auderville
Tôtes
Cherbourg
Barfleur
Baie de la Seine
Le Havre

VERSTECKTE SCHÄTZE

ZAUBERHAFTE PLÄTZE VON KENT BIS CORNWALL

Südengland gehört zu den beliebtesten Ferienregionen Großbritanniens. Die weißen Klippen von Dover, die Steinkreise von Stonehenge oder Gärten wie Stourhead sind sehr bekannt, darum lassen wir die hier beiseite. Denn es lohnt sich, die verborgenen Perlen, die weniger populären Orte zu entdecken. Auch davon gibt es eine große Zahl.

Mystische Landschaften, die eine besondere Magie verbreiten und sanft und wild zugleich erscheinen. Städte, die ihre maritime und kulturelle Geschichte pflegen. Malerische Dörfer fernab der hektischen Betriebsamkeit, in denen die Zeit scheinbar stehen geblieben ist: Die zwölf Grafschaften Südenglands, von den Gärten Kents bis zu den dramatischen Küsten am Land's End, gehören zum Schönsten, was Großbritannien zu bieten hat. Dabei spielen nicht nur die großen und weltberühmten Sehenswürdigkeiten eine wichtige Rolle, sondern auch die vielen versteckten Schätze und Orte, die im Verborgenen blühen und dafür sorgen, dass man überall erstaunliche Entdeckungen machen kann. Diese kleinen und großen Perlen zu finden, Anregungen zu geben, wie man die ausgetretenen Pfade einmal verlassen und Überraschendes finden kann, ist das Anliegen dieses Bandes. Schließlich suchen wir doch heute vor allem das authentische Erlebnis auf unseren Reisen, nicht das Massenphänomen. Dabei stehen Orte im Mittelpunkt, die noch kaum einer kennt, aber auch bekanntere Gegenden werden genannt, die hier allerdings in neuem Licht erscheinen. Gemeinsam ist allen eine magische Ausstrahlung, der man sich nicht entziehen kann.

Geheimnisvoller Hogsmill River

Da ist beispielsweise ein kleiner Fluss irgendwo im Niemandsland von Surrey. Gemächlich fließt er in Richtung Themse, dicht bewachsene Ufer, Sträucher und Weiden strecken sich dem Wasser entgegen, als wollten sie etwas verbergen. Auf beiden Seiten des Hogsmill River liegt Wiesen- und Weideland, hier und da ein kleiner Wald. Die beiden Maler der präraffaelitischen Bruderschaft, John Everett Millais und William Holman Hunt, fanden am Hogsmill River Inspiration für ihre berühmten Gemälde *Ophelia* und *The Hireling Shepherd*. Millais legte seine Ophelia in den Fluss, Hunt malte sein Hirtenpaar und die Herde auf einer Wiese und am Ufer.

Von Tolpuddle nach Australien

Oder wer hat schon einmal etwas von Tolpuddle gehört? Vielleicht kennen einige enthusiastische Gewerkschafter diesen Ort, denn hier, in dem kleinen Dorset-Dorf mit rund 400 Einwohnern in der Nähe von Dorchester, wurde im Jahr 1834 Geschichte geschrieben. Sechs Landarbeiter wurden als Mitglieder der »Friendly Society of Agricultural Labourers« der Verschwörung angeklagt, weil sie gegen die sinkenden Löhne aufbegehrten, die kein Überleben der Familien mehr ermöglichten. Als Verurteilte wurden sie nach Australien verschifft, doch aufgrund von Protesten im ganzen Land drei Jahre später wieder heimgeholt. Das Tolpuddle Martyrs Museum zeigt ihre bewegende Geschichte. Das Dorf gilt als Gründungsort der englischen Gewerkschaftsbewegung.

Im Reich der Zwerge

Seien es antike Mythen, Sagen oder Märchen der Brüder Grimm: Zwerge, Gnome und Kobolde sind daraus nicht wegzudenken. Ob man sie nun als Kulturgut oder Kitsch einstuft, bleibt jedem selbst überlassen, ein besonderes Phänomen sind sie allemal. Im Jahr 1997 wurde in der Grafschaft Devon in West Putford im Gnome Reserve & Wild Flower Garden ein Rekord für das *Guinness Book of Records* aufgestellt: 2010 Gnome und Kobolde an einem Ort. Der Wald der Zwerge, von Ann Atkin ins Leben gerufen, besitzt heute noch eine Faszination, der Jung und Alt erliegen.

Diese drei Beispiele machen zum Auftakt deutlich, worum es in diesem Band geht. Das Weitersagen ist natürlich erlaubt, aber den einen oder anderen Tipp dürfen Sie selbstverständlich auch für sich behalten.

Es gibt sie noch, die verwunschenen Orte wie West Putford, wo Zwerge und Kobolde durch die Wälder ziehen (rechts). Auch in Tolpuddle (oben) verbirgt sich hinter reetgedeckten Häusern bewegende Geschichte. Selbst an der Jurassic Coast (oben links) finden sich noch menschenleere Buchten.

KENT, SUSSEX UND SURREY

Parklandschaften, Landsitze und versteckte Kirchen

Im Osten Südenglands gibt es eine große Zahl an beeindruckenden Anwesen, deren Parks und Gärten besichtigt werden können. Arundel Castle (hier im Bild) ist eines der imposantesten Schlösser Großbritanniens.

BIRCHINGTON – LANDSITZ MIT MUSEUM

IN DER HEIMAT DES PHILANTHROPEN

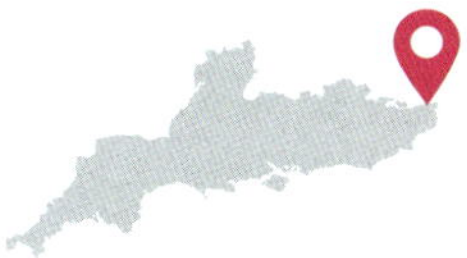

Kent ist für jeden, der häufiger Südengland bereist, sicher kein Neuland. Die historischen Städte, bedeutenden Gärten und Schlösser besucht so ziemlich jeder, der den Fuß auf die englische Insel setzt. Dennoch findet man noch versteckte Perlen wie etwa den Quex Park und das Powell-Cotton Museum im nördlichen Kent.

Die Grafschaft Kent ist nicht nur die Einstiegslandschaft für alle Südengland-Besucher, die mit der Fähre anreisen, sondern die Region überrascht die Reisenden auch immer wieder mit bedeutenden Jubiläen, denn Kent kann eine bewegte Geschichte und große Persönlichkeiten vorweisen. Wie soll man aber verborgene Schätze finden, wenn scheinbar alles bekannt ist? Man muss nur die Augen aufhalten, seiner Intuition vertrauen und die üblichen Touristenrouten verlassen. Dann landet man sehr schnell in kleinen, verträumten Dörfern mit historischen Gasthäusern oder entdeckt Kirchen und Kapellen, die ganz bescheiden neben den sogenannten touristischen Highlights liegen. Und selbst bei den in Kent häufig stattfindenden großen Jubiläumsfeierlichkeiten, die viele Menschen aus London und Südengland anziehen, bleiben diese Schätze eher verborgen, denn Understatement gehört zu ihrem Charme. Aber der interessierte Kulturreisende, der das »wahre Südengland« sucht, findet sie auf jeden Fall. Denn die Einheimischen freuen sich immer über jeden Besucher, der das Außergewöhnliche sucht, und versorgen ihn gerne mit ihren ganz persönlichen Geheimtipps.

Weltmännisch: Das Anwesen Quex Park mit dem Powell-Cotton Museum verströmt das Flair der großen weiten Welt. Von Pflanzen und Bäumen bis zum Mobiliar ist die ganze Welt hier vertreten.

An den Ursprung des Verfassungsrechts und der Adelsrechte gegenüber dem König zum Beispiel erinnerten im Jahre 2015 in der englischen Grafschaft Kent zahlreiche Veranstaltungen in Canterbury, Rochester, Dover und Faversham. Vor allem das historische Marktstädtchen Faversham – als Besitzer einer der letzten sechs Kopien der Magna Charta von 1215 – hatte sich dabei besonders herausgeputzt, was eigentlich gar nicht nötig war. Manche England-Besucher und viele Engländer selbst halten den historischen Stadtkern des Marktfleckens für den schönsten im ganzen Lande. Auch ein Abstecher nach Chatham lohnt sich, dort wurde ebenfalls im Jahr 2015 das 200-jährige Jubiläum der Schlacht von Waterloo gefeiert. Der Sieg machte aus dem Duke of Wellington einen Helden und für 23 Jahre den »Lord Warden of the Cinque Ports«, jener fünf Hafenstädte, die die englische Küste bewachten. Seine Schlachtkarte wird im Royal Engineers Museum in Chatham ausgestellt. Zeitgenössische Kunst gibt es dagegen in Margate in der Turner Contemporary Galerie zu begutachten, schon der moderne Museumsbau an der langen Seepromenade ist eine Augenweide. In dem traditionellen Seebad wurde im Jubiläumsjahr auch der Dreamland Heritage Park wiedereröffnet. Der einst legendäre englische Themenpark bietet authentisches Fahr- und Freizeitvergnügen mit viktorianischem Ambiente. Auch zahlreiche Konzerte finden hier regelmäßig statt.

Dover Castle bis Quex Park

Ob man nun in einer Reisegruppe oder als Individualtourist kommt, kaum einer begibt sich nach seiner Kent-Reise in Dover wieder auf die Fähre nach Calais oder Dünkirchen, ohne Dover Castle gesehen zu haben. Seine exponierte Lage, eine 900-jährige Geschichte und der Blick hinüber auf den europäischen Kontinent festigen die Überzeugung: Kent ist einmalig, aus jeder Perspektive. Und das trifft ganz besonders auch auf die versteckten Schätze zu. Denn obwohl jeder, der

Mit Kanonen auf Spatzen hat Major Percy nicht geschossen, auf Großwildjagd war er aber häufig. Da liebte es der Schriftsteller Charles Dickens schon gemütlicher in seinem Lieblingspub in Cobham (rechts).

Südengland bereisen will, beinahe zwangsläufig durch die Grafschaft Kent reisen muss, wenn er aus Mitteleuropa kommt, gibt es noch genügend unentdeckte Plätze. In ganz Großbritannien scheint es eine unerschöpfliche Zahl an Herrenhäusern und Landsitzen mit großen Park- und Gartenanlagen zu geben, die über Jahrzehnte, manche gar über Jahrhunderte, im Verborgenen bleiben. Das ist in der Grafschaft Kent nicht anders. Oder wer kennt Quex? Was sich wie ein Unkraut anhört, ist, im Gegenteil, etwas ganz Besonderes: Der Quex Park bei Birchington-on-Sea in North Kent mit dem dazugehörigen Powell-Cotton Museum ist solch ein versteckter Glücksfall.

Wilde Tiere im Powell-Cotton Museum

Allein das Lebenswerk des Major Percy H. G. Powell-Cotton (1866–1940) und seiner Familie gleicht einem Abenteuer. Der Weltreisende, passionierte Jäger, Kunstsammler und Philanthrop hat auf seinem Landsitz in Thanet, der nordöstlichen Halbinsel Kents, ein Museum geschaffen, wie es so kein zweites gibt. Die Sammlung, die von Stücken aus der afrikanischen Wildnis über orientalische Kunstschätze, Schmuck, Waffen und archäologische Exponate vergessener Kulturen bis zu asiatischen Masken, Möbeln und Porzellan reicht, beeindruckt durch ihre Vielfalt und Originalität. In neun Galerien werden Szenen aus der afrikanischen und asiatischen Natur mit ihrer Tierwelt so authentisch dargestellt, dass man manches Tierpräparat für lebendig hält. Die Leidenschaft für das Reisen, der respektvolle Umgang mit fremden Kulturen und das sorgsame Sammeln bedeutender Zeugnisse aus aller Welt machen das Lebenswerk von Major Percy H. G. Powell-Cotton zu einem akademischen Meisterstück, das seine Faszination bis heute bewahrt hat.

Und zum Glück haben zwei seiner Töchter diese Sammel- und Dokumentationsleidenschaft von ihrem Vater geerbt. Auch sie haben mit weiteren Objekten, Fotografien und Filmen zum unschätzbaren Wert der Sammlung beigetragen. Dabei kommt diese über einen Zeitraum von 200 Jahren zusammengetragene Kollektion keineswegs verkopft-akademisch daher, sondern strahlt eine große innere Gelassenheit im Wissen um ihren Wert aus, die es jedem Besucher, ob jung oder älter, ermöglicht, sein besonderes Erlebnis darin zu finden. Natürlich kann man auch durch die Park- und Gartenanlagen schlendern und einige Zimmer des Herrenhauses besichtigen. Sechs Räume des Landsitzes sind ganz im Regency-Stil gehalten und vermitteln einen Eindruck, wie Major Percy H. G. Powell-Cotton gelebt hat, wenn er einmal zu Hause war. Auch der Park mit seiner Artenvielfalt, die uralten Bäume und der Waldweg zu versteckten Plätzen zum Picknicken laden zur Entspannung ein. Ein Craft Village und der Quex Barn mit Köstlichkeiten aus Kent vervollständigen den Ausflug in eine Zeit, als Reisen noch kein Massenphänomen war und sich hauptsächlich der Entdeckung unbekannter Kulturen widmete.

RASTEN MIT DICKENS

Fährt man von London aus zu Major Powell-Cotton, sollte man Station machen im kleinen Ort Cobham. Auf dem Weg durch Medway lassen sich einige Dörfer und ihre Marschlandschaften erkunden, die Charles Dickens so geliebt hat. In Higham befindet sich Gad's Hill, das 1780 erbaut wurde. Schon als kleiner Junge, auf seinen Spaziergängen mit seinem Vater, verliebte sich Charles in dieses Herrenhaus. Als er später als wohlhabender Schriftsteller zurückkehrte, kaufte er es im Jahr 1856. Hier lebte er bis zu seinem Tode 1870. Von Gad's Hill aus führt eine leichte Wanderung nach Cobham, dort hat Dickens im Fachwerk-Pub The Leather Bottle aus seinen neuesten Werken vorgelesen und seinen Rum aus einem für ihn reservierten Becher getrunken. Unter den Erinnerungsstücken findet man auch seine Reisetasche.

WEITERE INFORMATIONEN

Powell-Cotton Museum, Quex House and Gardens, Quex Park, Birchington, Kent, CT7 0BH, Tel. 0044/1843/842168, Museum und Gärten: Feb.–Nov. 11–16 Uhr, Quex House: April–Okt. 13–16 Uhr, www.quexpark.co.uk
The Leather Bottle, 54–56 The Street, Cobham, Gravesend, DA12 3BZ, Tel. 0044/1474/814327, Mo–Sa 12–23, So 12–20 Uhr, www.theleatherbottle.pub

2

MARGATE – WALPOLE BAY HOTEL

ZEITREISE IM MUSEUMSHOTEL

Margate an der Nordküste Kents gehört zu den Klassikern unter den englischen Seebädern. Mit seinem vielfältigen Kulturangebot bringt es frischen Wind in die Stadt, auch historische Theaterstücke werden zu neuem Leben erweckt. Eines aber bleibt wie immer: Im Walpole Bay Hotel fühlt man sich wie in einem Agatha-Christie-Filmset.

In den Badeorten Kents, die schon Maler wie William Turner und Schriftsteller wie Charles Dickens immer wieder inspiriert haben, gibt es zahlreiche Galerien des 21. Jahrhunderts. Ganz oben auf der Liste steht Margates Turner Contemporary, eine bedeutende Galerie für moderne Kunst, die in den vergangenen Jahren für Aufsehen gesorgt hat, treffen hier doch traditionelle Kunst und Avantgarde aufeinander. Der nordöstliche Zipfel Kents war schon immer sehr international, und auch heute liegt hier mehr denn je kreatives Flair in der Luft. Die wunderschönen Landschaften haben einst auch den Maler Joseph Mallord William Turner nach Margate gezogen, und in der nach ihm benannten Kunstgalerie Turner Contemporary werden herausragende historische und zeitgenössische Werke ausgestellt. Auch das Museumsgebäude selbst ist ein architektonisches Meisterwerk.

Ebenfalls Theaterliebhaber finden in Margate ein besonderes Schmuckstück: Das Royal Theatre Margate geht auf das Jahr 1787 zurück, bekam allerdings 1874 eine Runderneuerung von keinem Geringeren als Jethro T. Robinson, Schwiegervater des berühmten Theaterarchitekten Frank Matcham, der bis 1915 für mehr als 200 Theatergebäude im Lande verantwortlich war.

Königliches Theater

Das denkmalgeschützte Haus am Hawley Square war Teil der geplanten Expansion der Stadt und des Hafens in georgianischer Zeit und sollte der Unterhaltung der Oberschicht dienen. Bis Jethro T. Robinson ans Werk ging. Er gestaltete das Haus um in ein viktorianisches Theater, verkürzte die Bühne und fügte eine zweite Galerie-Ebene ein.

Ein Jahr später wurde hier in Margate auch die erste Schauspielschule des Landes unter Leitung von Sarah Thorne eröffnet. Das zog neben anderen den jungen Edward Gordon Craig an, der später zum angesehenen Vater des modernen englischen Bühnen-Designs wurde und zur bedeutendsten Theaterpersönlichkeit, die Großbritannien seit William Shakespeare hervorgebracht hat. Heute weist das Royal Theatre eine große Bandbreite an Stücken auf, selbst Stand-up-Comedy, Pantomime und Pop-Konzerte kommen hier auf die Bühne und sorgen für volle Säle.

Prominenz: Im Walpole Bay Hotel hat man nicht nur einen wunderbaren Blick aufs Meer, man trifft auch hier und da Persönlichkeiten aus der Künstlerbranche, die den dezenten Charme des Hotels zu schätzen wissen.

Elegantes Hotel am Meer

Wer das vielfältige Kulturangebot in Margate oder einfach die frische Meeresbrise genießen will, findet im Walpole Bay Hotel sein geeignetes Refugium. In Cliftonville, einem etwas östlich des Stadtzentrums von Margate gelegenen Küstenabschnitt mit imposanten Klippen und Stränden, liegt dieses Haus direkt an der Uferpromenade so unverrückbar, als sei es schon immer hier gewesen. Mit etwas Abstand zum Trubel der Stadt kann man hier in eine scheinbar längst vergangene Welt eintauchen und dabei modernen und vor allem zuvorkommenden Service genießen. Betritt man das Hotel, fühlt man sich um einhundert Jahre zurückversetzt, nicht nur durch das antike Mobiliar oder den Aufzug, der noch eine Gittertür zum Schieben besitzt. Es duftet nach Möbelpflege und frischen Äpfeln, die Zimmer sind alle individuell eingerichtet, und das Hotel geht über in ein offenes Museum mit Exponaten und Alltagsgegenständen vergangener Zeiten, die mehr als Nostalgie verbreiten. Das gesamte Haus ist eine charmante Einheit im Vintagestil, den auch einige Künstler und *celebrities* wie Tracey Emin und Paloma Faith zu schätzen wissen, denn feine Eleganz und verschwiegene Zurückhaltung gehören zur Philosophie des Hauses.

ENGLISCHE BIERKULTUR

In der ältesten Brauerei Großbritanniens, Shepherd Neame, im Herzen von Faversham, gibt es sie noch: historische Lieferfahrzeuge und Pferdekutschen mit Wagen, auf denen die Bierfässer auf ihre Auslieferung warten. Von außen wirkt alles eher ein wenig unscheinbar, aber das sollte niemanden davon abhalten, sich der Heimat britischer Bierkultur zu nähern. Seit 1698 wird hier Bier gebraut, bis heute in Händen der Neame-Nachfahren, die eine Familientradition pflegen und schmackhafte Biere herstellen. Sie haben nicht nur inhaltlich Gehaltvolles zu bieten, sondern fallen auch durch ungewöhnliche Namen auf. So gibt es Biersorten wie »Spitfire« oder »Bishops Finger« zu probieren. Eine weitere Kreation ist das »Whitstable Bay«, ein ausschließlich aus organisch-biologischen Zutaten gebrautes goldfarbenes Ale.

WEITERE INFORMATIONEN

The Walpole Bay Hotel, Fifth Avenue, Cliftonville, Margate CT9 2JJ, Tel. 0044/1843/221703, www.walpolebayhotel.co.uk
Shepherd Neame Limited, The Faversham Brewery, www.shepherdneame.co.uk

ISLE OF SHEPPEY – ABSEITS DER ROUTEN

IM NATURPARK DES GOLDREGENPFEIFERS

Die Isle of Sheppey gehört bei den meisten Kent-Besuchern nicht unbedingt zu den Zielen, die oberste Priorität haben. Ein Irrtum, denn gerade hier an und vor der Nordküste Kents wird man überrascht von vielfältigen Möglichkeiten, aktive Erholung und unberührte Natur ohne Massentourismus zu erleben.

Bereits im 19. und frühen 20. Jahrhundert war Kent jene Region, in der Londoner aus allen Schichten bevorzugt ihren Urlaub verbrachten. Vor allem viele Arbeiterfamilien kamen mit dem Zug und auf Ausflugsschiffen, um in den Hopfenfeldern und an der Küste Ferien zu machen. Neben den Sandstränden waren auch die urwüchsigen Wälder des Weald beliebte Orte, zumal sie in unmittelbarer Nähe zur Großstadt lagen und gut zu erreichen waren. In den Küstenstädten Kents begann auch der Aufstieg Englands zur Seemacht. Im Mittelalter schlossen sich Dover, Hastings, Hythe, Romney und Sandwich zu den »Cinque Ports« zusammen, die für die Bewachung der Küste zuständig waren, und in Chatham wurden viele imposante Kriegsschiffe gebaut. Im Landesinneren bestimmen Obst- und Hopfenplantagen das Bild, daher trifft auch der Name »Garten Englands« für Kent den Kern.

Paradies für Outdoor-Aktivitäten

Die Grafschaft wird von einer 560 Kilometer langen Küste umgeben, kein Wunder also, dass hier neben den Kathedralen, Schlössern, Museen und Galerien zahlreiche Aktivitäten im Freien sowie ausgedehnte Strandurlaube ganz oben auf der Liste stehen. Weite Sandstrände und versteckte, mit der *Blue Flag* ausgezeichnete Buchten bieten Abenteuer, Adrenalin und traditionellen Badespaß. Kent ermöglicht zahlreiche Wassersportaktivitäten, von Surfen über Kajakfahren bis zu Segeln und Bootsfahrten. Außer den reizvollen Küstenlandschaften gibt es viele Landschafts- und Naturparks sowie Naturschutzgebiete. Im Herzen der Grafschaft liegen die für die Gegend typischen Kreidehügel, grüne Felder und jahrhundertealte Wälder. Die Moorlandschaften setzen landschaftliche Akzente in der Grafschaft. Natürlich eignet sich diese Region sehr gut zum Wandern und Radfahren, mit einem Wegenetz von mehr als 6700 Kilometern.

Safariparks neben unberührter Natur

Gespenstisch anmutende Sumpfgebiete, sanfte Hügelketten, seltene Orchideen und Naturschutzgebiete mit Vogelgezwitscher, knorrige englische Bäume in jahrhundertealten Wäldern, afrikanische Tiere in weiten Safariparks: In Kents abwechslungsreicher Natur kommt jeder auf seine Kosten. In Safariparks wie Howletts und Port Lympne kann man eine Reise nach Afrika unternehmen, ohne den Äquator überqueren zu müssen. Darüber hinaus weist Kent markante und ganz besondere Landschaftszüge auf: Weiße Klippen oder sanfte Hügel, in der unberührten Natur gibt es viele Naturschutzgebiete und Landschaftsparks wie die Kent Downs und den High Weald. Auch Flora und Fauna halten so einige Überraschungen bereit, wild wachsende Orchideen und frei grasende Hirsche sind besonders um Challock und im Knowle Park zu finden. Gelegentlich reibt man sich die Augen, schaut zweimal um sich und muss sich mit einem Blick auf die Karte oder das Navigationsgerät vergewissern, dass man sich tatsächlich in der englischen Grafschaft Kent aufhält.

Wer Vögel beobachten möchte, macht in den Schutzgebieten Dungeness, Cliffe Pools und Elmley Marshes reiche Entdeckungen. Im Bedgebury National Pinetum and Forest gibt es nicht nur eine Nadelbaumsammlung, sondern auch zahlreiche Wander-, Rad- und Reitwege sowie interessante Lehrpfade. Die Naturschönheiten und Kulturdenkmäler Kents, ob Städte, Küste, Hügel- oder Feuchtgebiete, genießt man am besten entschleunigt, zu Fuß oder mit dem Fahrrad, auf jeden Fall aber mit genügend Zeit, denn es lohnt sich, das alles intensiv zu erleben. Das geht besonders eindrucksvoll auf der Isle of Sheppey, die lange Zeit ein touristisches Schattendasein führte, völlig zu Unrecht übrigens.

Schätze im Moorland

Die Isle of Sheppey wird von den Einheimischen gerne als Kents Schatzinsel bezeichnet. Das mag bei dem ein oder anderen ungläubiges Kopfschütteln hervorrufen, denn welche Schätze soll es auf dem flachen Stück Marsch- und Moorland schon geben? Zugegeben, die Außenbezirke von Sheerness mit seinen Industrieanlagen wirken wenig einladend, doch wie so oft lohnt sich ein intensiver Blick, der mehr Sehenswertes offenbart als vermutet. Denn auch ausgedehnte Sandstrände, weite Moorlandschaften und artenreiche Vogelschutzgebiete erwarten hier die Besucher. Man kann einen entspannten Tag am Strand verbringen, im urigen Pub frischen Fisch essen, auf einem der zahlreichen Radwanderwege den Blick bis zum endlos erscheinenden Horizont schweifen lassen oder ganz einfach einmal die Seele baumeln lassen – das zählt

In der ruhigen, weiten Landschaft der Isle of Sheppey entdeckt man bei näherem Hinsehen erstaunt den Artenreichtum, den die Natur in der englischen Grafschaft Kent bereithält. Auch der Goldregenpfeifer (rechts) ist hier heimisch.

Die kleine Harty Church aus dem 11. Jahrhundert strahlt eine besondere Erhabenheit aus.

Bei einer Radtour über die Insel finden sich schöne Rastplätze (links). Mit ihren Mooren und Feuchtgebieten ist die Isle of Sheppey ein Paradies für zahlreiche Wasservogelarten, die hier in Ruhe brüten können (unten).

zu den Vorzügen der Isle of Sheppey. Auch für jene, die einen Aktivurlaub bevorzugen, gibt es hier viele Möglichkeiten: In der Minster Windsurf Academy und dem Isle of Sheppey Sailing Club übt man sich im Wellenreiten, an Bord der Thames Sailing Barge »Greta« macht man eine Bootsrundfahrt, oder man geht im Barton's Point Coastal Park Kitesurfen oder Kajakfahren. Und immer wieder fasziniert der weite Himmel über der flachen und stillen Moorlandschaft.

Mit dem Fahrrad über die Insel

Die Gegend ist ein beliebtes Revier für Radfahrer und hat außerdem bereits vor vielen Jahren die ersten Flugpioniere angezogen. Ein 26 Kilometer langer Radweg führt an den Stätten vorbei, die mit der Fliegerei verbunden sind. Die Runde beginnt im Muswell Manor, einst Standort einer Flugzeugfabrik, weiter geht es nach Sheerness zur Gedenkstätte der Britischen Luftfahrt und nach Bluetown zum Wright-Flyer-Modell. Beendet wird die Tour in der Bar von Muswell Manor, hier gibt es Erfrischungen und interessante Objekte der Luftfahrt zu sehen. Auch mehrere Radwege durch artenreiche Vogelschutzgebiete sind vorhanden. Im Naturschutzgebiet Elmley Nature Reserve ist es so ruhig, dass sogar Goldregenpfeifer, Säbelschnäbler und Sumpfohreulen nisten und seltene Zugvögel Station machen. Versteckt in der Nähe von Harty, am Südzipfel der Insel, liegt das Ferry House Inn, es bietet einheimische Spezialitäten, weite Seeblicke und schicke Zimmer. Im belebten Sittingbourne wimmelt es dagegen nur so von Cafés und Restaurants, außerdem findet jeden Freitag ein Bauernmarkt statt. Auch im nahegelegenen Sheerness wird dienstags und samstags Markt gehalten. Hier verbrachte übrigens der deutsche Schriftsteller Uwe Johnson (1934–1984) die letzten zehn Jahre seines Lebens.

UNENDLICHER STERNENHIMMEL

Es gibt in vielen Naturparks verschiedenartige Übernachtungsmöglichkeiten, vom Baumhaus bis zu Waldhütten, in denen man der Natur sehr nahe ist. Aber nur wenige Orte wirken das ganze Jahr hindurch so authentisch wie das Elmley Nature Reserve. Das liegt auch an Gareth und Georgina von der Kingshill Farm, die nicht nur äußerst gastfreundlich sind, sondern auch ihr beeindruckendes Wissen über Flora und Fauna des Naturparks völlig unprätentiös vermitteln. Hier wird Natur- und Vogelkunde ganz entspannt an die Gäste weitergegeben, sodass keiner das Gefühl hat, mit geballter Frontalpräsentation belehrt zu werden. Die Führungen sind kompetent, und das Schlafgemach in den hübschen Schäferwagen unter dem weiten Sternenhimmel so verlockend, dass man vor lauter Sterne- und Schäfchenzählen sanft einschlummert.

WEITERE INFORMATIONEN

The Ferry House Inn, Harty Ferry Road, Leysdown, Kent ME12 4BQ, Tel. 0044/1795/510214, www.theferryhouseinn.co.uk

Elmley National Nature Reserve, Kingshill Farm, Elmley, Sheerness, Kent ME12 3RW, Tel. 0044/7930/847520, www.elmleynaturereserve.co.uk

RAMSGATE – ST AUGUSTINE'S CHURCH

KLEINE KIRCHE MIT GROSSER GESCHICHTE

Ramsgate gehört zu den touristisch klangvollen Namen der Isle of Thanet, doch das viktorianisch anmutende Seebad hat nicht so bekannte Sehenswürdigkeiten vorzuweisen wie andere Orte. Das glauben jedenfalls viele, die den Fehler begehen, einfach daran vorbeizufahren. Ein Irrtum, wie sich herausstellen wird.

Kennen Sie das? Schon seit geraumer Zeit macht sich in der Magengegend ein forderndes Gefühl breit, das man zwar noch nicht als Hunger bezeichnen kann, dem aber doch sehr nahekommt. Dann heißt es, eine Entscheidung zu treffen. Fährt man weiter, um noch vor Einbruch der Dunkelheit sein angestrebtes Reiseziel zu erreichen oder legt man einen Zwischenstopp ein, der allerdings den Zeitplan durcheinanderbringen wird? Sollten Sie einmal an Ramsgate vorbeifahren und sich dieses Gefühl bemerkbar machen, geben Sie ihm nach, biegen ab und bleiben am besten über Nacht in der Stadt, die oft rechts liegen gelassen wird – weil man üblicherweise am zweiten Kreisverkehr auf die A 256 nach Margate links abbiegt. Bleiben Sie in diesem Fall einmal auf dem Royal Harbour Approach, stillen Sie die Sehnsucht nach Fish and Chips zum Beispiel in der Churchill Tavern mit schönem Blick auf den Hafen und harren der Dinge, die da kommen. Denn Ramsgate ist für so manche Überraschung gut. Hier gibt es noch viele historische Häuser mit den für die viktorianische Zeit typischen roten Ziegelsteinen und Erkern. Auch der Jachthafen ist einen Bummel wert, nicht

Überirdisches – die kleine St Augustine's Church in Ramsgate ist ein besonderer Ort der Kontemplation und des Glaubens. Architekt Augustus Pugin hat sich mit ihr ein Denkmal gesetzt.

zu vergessen die weitläufigen Sandstrände, die im Sommer die Badegäste anlocken.

An der St Augustine's Road

In der Churchill Tavern wird man auf die Frage nach den Sehenswürdigkeiten in der Nähe wahrscheinlich das lebhafte Vergnügungszentrum Ramsgate Boulevard oder das Tunnelsystem aus dem Zweiten Weltkrieg, die Ramsgate Tunnels, empfehlen. Vielleicht noch das Maritime Museum am Jachthafen. Das sind allesamt mit Sicherheit interessante Besichtigungsorte, aber suchen wir nicht die versteckten Perlen der Stadt? Darauf gibt es eher ein Achselzucken oder den Verweis auf die Tourismus-Information an der Harbour Parade. Aber lassen Sie die üblichen Empfehlungen für Touristen außer Acht, gönnen Sie sich eine Extraportion Essig über die Chips und folgen Sie nach dem Bezahlen ganz einfach der St Augustine's Road in westlicher Richtung. Ein Spaziergang, der keine zehn Minuten dauert, bringt Sie ans Ziel.
An der Ecke zur Screaming Alley fällt dann ein Gebäudekomplex ins Auge, der aus drei Komponenten beiderseits der Straße besteht: Da sind die römisch-katholische St Augustine's Church, dann das Anwesen The Grange zur Meeresseite hin und die St Augustine's Abbey auf der anderen Straßenseite.
Wer sich in englischer Architekturgeschichte auskennt, weiß natürlich sofort, dass das hier die Handschrift von Augustus Welby Northmore Pugin (1812–1852) trägt, des berühmtesten viktorianischen Architekten, Designers und auch Schriftstellers des 19. Jahrhunderts. Er schuf nicht nur solch zeitlos elegante Gebäude wie den Glockenturm Big Ben und, gemeinsam mit Sir Charles Barry, den Palace of Westminster, sondern auch an die 60 Kirchen und Kathedralen in England und Irland, denn sein Hauptauftraggeber war die katholische Kirche. Im Jahr 1835 konvertierte Pugin zum römisch-katholischen Glauben und ließ sich in der Nähe von Salisbury nieder. Bereits im Alter von 15 Jahren hatte ihn sein Zeichentalent das Entwerfen von neogotischen Möbeln für Schloss Windsor ermöglicht, mit 17 eröffnete er sein erstes Geschäft für Innenausstattung. Pugin war sein Leben lang ein Verfechter des »Gothic Revival«, diesen Stil hielt er für den wahren christlichen Baustil, den damals vor-

Das Hafenviertel in Ramsgate ist, wie in anderen Seebädern auch, ein lebhafter Ort mit Restaurants und Vergnügungsangeboten. Etwas Ruhe findet man im traditionellen Home Front Tea Room (rechts), in dem die Zeit stehen geblieben zu sein scheint.

herrschenden Klassizismus lehnte er ab. Das Fundament seiner Lehre war die kämpferische Schrift *The True Principles of Pointed or Christian Architecture*, die 1841 erschien und von einigen Kritikern als belehrend empfunden wurde.

Monumente des Glaubens

Doch im Gegensatz zu seinen kraftvoll vertretenen Thesen über christliche Architektur sind seine Werke geprägt von filigraner Leichtigkeit und großer Klarheit. Dass diese Ansichten der katholischen Kirche gefielen, verwundert kaum. Pugin baute unter anderem die St.-Georgs-Kathedrale im Londoner Stadtteil Southwark, die Kathedrale in Newcastle upon Tyne und jene in Nottingham. Seine St Chad's Cathedral in Birmingham halten die Fachleute für seinen bedeutendsten Kirchenbau, war sie doch die erste römisch-katholische Kathedrale, die in England seit der Zeit der Reformation errichtet wurde. In den 1840er-Jahren erreichten sein Werk und seine Schaffenskraft ihren Höhepunkt, bis er 1851 schwer erkrankte und im folgenden Jahr früh verstarb. Zu seinen letzten großen Arbeiten zählen sein eigenes Haus, The Grange, in Ramsgate und die benachbarte Kirche St. Augustine's, in die er die Essenz seines Lebens und seiner Werke einfließen ließ.

Kontemplation und Stille

Augustus Pugin begann die Arbeiten an der Kirche in Ramsgate im Jahr 1846 und arbeitete daran bis zu seinem Tod. Das gegenüberliegende Kloster steht auf jenem Platz, an dem der Heilige Augustinus von Canterbury im südlichen England gelandet war, der im Jahr 597 von Papst Gregor ausgesandt worden war, um die Angelsachsen zu christianisieren. Die von Pugin errichtete Kirche, die auch das Familiengrab des Architekten enthält, ist dem Apostel der Briten gewidmet und wurde 2012 offiziell zum »Schrein des Heiligen Augustinus von Canterbury« erklärt. Die Kirche wurde in Ost-West-Richtung erbaut, um Priestern und Gläubigen durch das große Ostfenster das Licht der aufgehenden Sonne zu zeigen. Und noch heute fasziniert der Innenraum mit einem variantenreichen Spiel von Licht und Schatten, das alle Ecken und Winkel, Kapellen und Altarraum erfasst. Man wird beim Betreten sofort von einem beinahe mystischen Gefühl der Geborgenheit erfasst, nimmt auf einer Bank Platz und versinkt in Kontemplation und Stille. Und man spürt, was es bedeutet, sich an einem heiligen Ort zu befinden.

KÖSTLICHES WIE ZU HAUSE

Ein *spam and pickle sandwich* gefällig oder lieber *pilchards on toast?* Eine Kanne Tee dazu muss auf jeden Fall sein. Wer kein Frühstücksfleisch mit Essiggurken und auch keine Sardinen auf Toast mag, sollte trotzdem den Home Front Tea Room in Ramsgate aufsuchen, denn eine Zeitreise in die 1940er-Jahre bekommt man kostenlos dazu. Nicht nur das authentische Mobiliar und die Dekorationen sind einmalig, auch der Service ist so zuvorkommend, wie man ihn in keinem modernen Ketten-Kaffee jemals bekommen könnte. *A warm welcome* wird hier gelebt. Ob Wackelpudding, Pfirsich mit Kondensmilch oder Eis mit reichlich Ginger Beer, alles wird an den Tisch gebracht von einer freundlichen Lady, deren Küchenschürze an Omas Zeiten erinnert. Nostalgie? Sicherlich, aber keine zum Einschlafen, sondern höchst lebendig und stilvoll.

WEITERE INFORMATIONEN

St Augustine's Church, St Augustine's Road, Ramsgate CT11 9NY, Tel. 0044/1843/59 20 71, Mo–Sa 12.30–15.30 Uhr, www.augustine-pugin.org.uk

Home Front Tea Room, 13a King Street, Ramsgate CT11, Tel. 0044/1843/59 43 83, Mo–Sa 10.30–16 Uhr, www.40stearoom.co.uk

NORTH UND SOUTH DOWNS – HÜGELLAND UND KÜSTEN

ENTSPANNEN IN DEN HEIMAT-GRAFSCHAFTEN

Von Hampton Court und den North Downs nach East und West Sussex, in den South Downs National Park und die Seebäder Brighton und Eastbourne: Die Grafschaften südlich von London bieten grüne Hügellandschaften, verträumte Dörfer, kulturgeschichtlich bedeutende Landsitze und Burgen sowie Erholung am Meer.

Wenn Engländer von *Home Counties* sprechen, meinen sie jene Grafschaften, die ihre Hauptstadt London umgeben. Surrey ist eine davon und damit auch schon seit jeher einerseits Wohnort für viele Pendler, die in der Metropole ihren Tätigkeiten nachgehen, andererseits Ziel für zahlreiche Wochenendausflügler und Erholungsuchende aus der hektischen Metropole, die einfach einmal abschalten wollen, ohne weite Wege in Kauf nehmen zu müssen. Selbst das südlich der North Downs sich bis zum Meer hinziehende East und West Sussex gilt noch als Naherholungsgebiet, zumal traditionelle Seebäder wie Brighton mit der Schnellzuganbindung von London aus in knapp einer Stunde Fahrt erreichbar sind. So wundert es nicht, dass in Surrey und Sussex – bei aller grünen und ländlichen Idylle mit romantischen Dörfern, abgelegenen Tälern und verträumten Küstenorten – fast überall eine ausgezeichnete touristische Infrastruktur zu finden ist, die keine Wünsche offenlässt. Hier gibt es kleine Boutique-Hotels, geschmackvoll eingerichtete Pubs mit Übernachtungsmöglichkeit ebenso wie moderne Sterne-Hotels. Um sein leibliches Wohl

Herrschaftlich: In den sanften Hügellandschaften der North und South Downs findet man majestätische Schlösser, Burgen und Adelssitze, die die Gegend prägen. Vor allem in der Sommerzeit eine Augenweide ist Schloss Arundel, perfekt erhalten seit dem Mittelalter.

Die kleine Kirche St Catherine of Siena liegt versteckt zwischen altem Baumbestand. Hierher verirrt sich kaum ein Reisender.

braucht man sich hier wahrlich keine Sorgen zu machen.

Trotz der Nähe zu London besitzt Surrey große Flächen an fruchtbarem Ackerland und ausgedehnte Waldgebiete. Mit 22 Prozent Waldanteil ist dies sogar die waldreichste Grafschaft des gesamten Landes. Zu seinen sehenswerten Naturschönheiten zählen Box Hill, Leith Hill, Frensham Ponds und Newlands Corner. Die Gegend um Box Hill verzeichnet außerdem einen der ältesten völlig unberührten Wälder Europas. Die Geologie wird hier bestimmt von den Kreidehügeln der North Downs und den »Grüner Gürtel« genannten Hecken-, Feld- und Wiesenlandschaften. Nach Norden, zur Themse hin, wird Surrey deutlich flacher. Leith Hill mit seinen 294 Metern über dem Meeresspiegel ist der höchste Punkt im Südosten Englands.

Große Gartenbaukunst

Historisches aus römischer und sächsischer Zeit ist kaum erhalten, dafür gibt es aber einen der bedeutendsten Gärten im Süden Englands: Die Royal Horticultural Society unterhält mit Wisley ein Flaggschiff englischer Gartenbaukunst. Hinzu kommt mit Hampton Court Palace eine historische Stätte, die allgemein als die schönste unter den Königsschlössern angesehen wird. Doch Surrey hat auch eine höchst moderne Ader, zahlreiche internationale Technologie- und Lebensmittelkonzerne haben hier ihre Europa-Hauptsitze. Der berühmte Motorsport-Rennstall McLaren ist in Woking zu Hause, während in Epsom das Derby zu den Pferdesport-Großereignissen des Jahres zählt. Somit ist hier auch für spannende Abwechslung gesorgt.

Mit einer Küstenlinie von 150 Kilometern steht der maritime Charakter der Grafschaft Sussex natürlich im Vordergrund, aber auch das Landesinnere hat eine Menge zu bieten. Ob man nun das Abenteuer in unberührter Natur sucht, sich dem ausgiebigen Shopping hingeben will oder sich aus kulinarischen Gründen auf die Reise macht: Sussex hält für jeden etwas bereit. Der größte Teil von West Sussex wird vom South Downs National Park gebildet, einer sanft geschwungenen Hügelkette, die den eher flachen Küstenstreifen von den nördlicher gelegenen Wald- und Wiesenflächen trennt. Hier gibt es wunderbare Wanderreviere, die mit den Küstenpfaden westlich von Eastbourne am Beachy Head oder mit den Kreideklippen der Seven Sisters durchaus konkurrieren können. Hinzu kommen elegante Herrschaftssitze wie Petworth und Schlösser wie Arundel, die gerade einer Märchenwelt entsprungen zu sein scheinen. Natürlich gehören auch kulturell bedeutende Orte wie Charleston dazu, in dem die Künstler der Bloomsbury-Gruppe ihren alternativen Lebensstil pflegten. Ein verstecktes Kleinod ist Parham House in West Sussex.

Eleganz und Anmut

Es gibt englische Landsitze, die verzaubern den Besucher vom ersten Moment an. Parham House and Gardens ist solch ein nahezu perfektes Beispiel für ein englisches Herrenhaus, so schön, dass einem ganz warm ums Herz wird. Beeindruckend daran erscheint die durchgehende Ästhetik, bis hin zum kleinsten Detail. Eingebettet in einen wunderschönen Park mit uraltem Baumbestand, durch den gemächlich das Rotwild zieht, strahlt das elisabethanische Parham House eine tiefe Ruhe und ein freundliches Willkommen aus. Sein Grundstein wurde 1577 gelegt, seither haben nur drei Familien hier gelebt: die Palmers, die Bysshopps und die Pearsons. Die Urgroßeltern der heutigen Besitzerin Lady Emma Barnard, Clive and Alicia Pearson, kauften das Anwesen im Jahr 1922, und bereits seit 1948 steht es der Öffentlichkeit zur Besichtigung zur Verfügung. Das geschah nicht aus finanziellen Gründen, die Familie wollte Schönheit, Anmut und Behaglichkeit auch anderen erlebbar machen. Und das spürt man noch heute. Ob in der Great Hall, im Salon, in den verschiedenen Räumen im Obergeschoss oder in der imposanten, 48 Meter langen Long Gallery mit ihren Blattornamenten an der Decke: Nichts wirkt hier aufgesetzt, protzig oder extrovertiert. Ein stiller Charme umgibt auch die Blumen- und Obstgärten, durch die zarter Lavendel- und Rosenduft weht. Im Tea Room locken kleine Köstlichkeiten wie hausgemachte Kuchen und Erfrischungen.

Farben des Herbstes

Diese schmecken besonders gut am »Autumn Foraging and Countryside Day«, der Mitte Oktober in Parham House und den umgebenden Ländereien gefeiert wird. Neben traditioneller Küche mit leckeren Spezialitäten aus der Region, alles selbst gemacht, versteht sich, wird an diesem Sonntag auch etwas in Sachen Naturkunde geboten. Wenn die Wälder, Wiesen und Weiden ringsum ihr Herbstkleid überstreifen und rote, gelbe und braune Farbtöne die Landschaft in einen bunten Flickenteppich verwandeln, kann man mit ausgewiesenen Fachleuten und Führern beispielsweise auf Hirschbeobachtungstour gehen oder Spaziergänge in die Pilze unternehmen.

VON AMBERLEY NACH COCKING

Wer durch Sussex und Surrey reist, ist mit dem Auto am flexibelsten unterwegs, auch wenn er es nicht eilig hat. Man sollte den Wagen aber ab und zu einmal stehen lassen und einen Wandertag einlegen, denn gerade der South Downs National Park in West Sussex bietet wunderbare Tagesetappen. Eine einfach zu begehende Strecke durch die sanfte Hügellandschaft mit herrlichen Panoramen ist die rund 25 Kilometer lange Tour von Amberley über den Fluss Arun, über Bignor Hill und Sutton Down bis zum kleinen Ort Cocking. Von dort kann man den Bus nach Chichester und den stündlich verkehrenden Zug zurück nach Amberley nehmen. Wer gut zu Fuß ist, wandert einen Teil der Strecke wieder retour und genießt die Landschaften von umgekehrter Perspektive aus. Eine Busverbindung findet man auch in Sutton oder West Burton zurück nach Amberley.

WEITERE INFORMATIONEN

Surrey Hills Society, Warren Farm Barns, Headley Lane, Mickleham, Dorking, Surrey RH5 6DG, Tel. 0044/1372/220647, www.surreyhills.org; www.northdownsway.co.uk
Parham House and Gardens, Pulborough, West Sussex, RH20 4HS, April–Okt. Mi–Fr und So Garten 12–17, Haus 14–17 Uhr, www.parhaminsussex.co.uk
South Downs Centre, North Street, Midhurst, West Sussex GU29 9DH, Tel. 0044/1730/814810, Mo–Fr 9–16 Uhr, www.southdowns.gov.uk

Aufatmen: Auf den Wanderwegen in Sussex und Surrey begegnet man immer wieder kleinen Kirchen und Pfaden, abgelegen in zauberhafter Natur, die zum Durchatmen einladen.

6

SUSSEX – FIRLE ESTATE

NACHHALTIGKEIT IM DIENST DER TRADITION

Wenn es um Südengland geht, fallen einem neben den großartigen Naturlandschaften, Küsten und Städten sofort auch die *Manor Houses* ein, jene Herrensitze, die über alle Grafschaften verstreut zu finden sind und englische Traditionen repräsentieren. Ein ganz besonderes Schmuckstück ist Firle Estate nordwestlich von Eastbourne.

Man stelle sich einmal vor, die eigene Familiengeschichte wäre über 500 Jahre hinweg dokumentiert und auch Tag für Tag präsent. Ist das eine Freude oder eine Last oder vielleicht beides? In den Herrenhäusern der Welt werden seit jeher Traditionen gepflegt, Stammbäume erstellt, Familiengeschichte mit Zeitgeschichte verknüpft, private wie gesellschaftliche Entwicklungen in Ehren gehalten und für kommende Generationen bewahrt. Ganze Heerscharen an Ahnenforschern sind unterwegs, um Familien mit Informationen zu versorgen, woher sie kommen, ob es besonders außergewöhnliche Persönlichkeiten in Umfeld der Clans gab und ob nicht doch die eine oder andere Linie zu einem Grafen oder einer Prinzessin führt. Daran ist nichts Verwerfliches, wer wüsste nicht gerne, was sich in grauer Vorzeit so alles im Familienkreis abgespielt hat – auch wenn er selbst nicht dem Adel angehört? Manch einer muss dafür einen großen Aufwand betreiben, einigen wird diese Anstrengung erspart, was nicht zwangsläufig bedeutet, dass diese Menschen keine Herausforderungen zu bestehen hätten.

500 Jahre Familiengeschichte

Da hat es die Gage-Familie, zumindest was die Ahnenforschung betrifft, leichter, denn der Landsitz Firle Estate des VIII. Viscount Gage und Lady Gage, zwischen Lewes und Eastbourne im South

Downs Nationalpark gelegen, ist bis ins kleinste Detail dokumentiert. So sind über fünf Jahrhunderte Familiengeschichte entstanden, die es zu bewahren gilt.
Und das trifft nicht nur auf die Gebäude, Gärten und Ländereien zu, auf die traditionellen Feste und Veranstaltungen, die es jedes Jahr auszurichten gilt. Auch die großartige Gemäldesammlung alter Meister, das hochwertige Porzellan und das wunderbare Mobiliar aus Tudor- und georgianischer Zeit müssen gepflegt und erhalten werden. Nicht zuletzt ist eine harmonische Ausgeglichenheit zwischen Besichtigungsangebot für die Öffentlichkeit und privaten Rückzugsräumen herzustellen. Man sieht, es ist nicht nur ein Vergnügen, in solch ein Herrenhaus hineingeboren zu werden, sondern auch eine große Aufgabe. In Firle Estate ist dies vorbildlich gelungen. Außerdem wurde die unmittelbare Umgebung mit der Landschaft und den kleinen Dörfern in das Gesamtkonzept mit eingebunden, und so entsteht ein nachhaltiges und einheitliches Bild, das lange nachklingt.

Gärten zum Träumen

Allein die privaten Gärten des Anwesens erstrecken sich über 121 Hektar, wovon zwei Drittel Parklandschaften und ein Drittel Gärten umfassen. Die ältesten Aufzeichnungen zur Parklandschaft stammen aus dem Jahr 1333, ihren heutigen Charakter aber bekam sie im 18. und 19. Jahrhundert. Besonders eindrucksvoll sind die Fischteiche, wenn auch durch die Jahrhunderte hindurch und bis in die heutige Zeit die Schafhaltung die wichtigste landwirtschaftliche Aktivität in Firle ist. Die imposanten Terrassengärten wurden vom V. Viscount Gage angelegt, an einer Stelle, an der zuvor nördlich vom Haupthaus ein Kanal verlief. Im Jahr 1843 kam der große Teich hinzu, und die Familie beschloss, den Kanal trockenzulegen, um das Hochwasser vom Haus fernzuhalten. Damals wurde auch der ummauerte Garten gestaltet, der noch heute reichhaltige Obst- und Gemüseernten ermöglicht, seit 2010 ergänzt um einen artenreichen Kräutergarten, dessen Salben und Heilkräuterprodukte im Tea Room von Firle Place erstanden werden können.

Firle Estate ist Stammsitz der Gage-Familie seit mehr als 500 Jahren. Es stammt ursprünglich aus der Tudor-Zeit, wurde aber im 18. Jahrhundert umfangreich renoviert und neu gestaltet. Die große Tradition bewahrt es dennoch.

ZAHLEN MIT LEWES POUNDS

Sie haben gerade eine Zeitung gekauft und ein Krabbensandwich erstanden, mit dem Sie auf der nächsten Parkbank dem Alltagstrott entfliehen wollen. Schnell noch das Wechselgeld verstaut und hinein in den neuesten Klatsch der britischen Boulevardblätter. Doch was ist das für ein Geldschein? So einen hat man noch nie gesehen: Der dort abgebildete Humanist Thomas Paine sagt: »Es liegt in unserer Macht, die Welt neu zu erschaffen«, und auf der Rückseite thront Lewes Castle. Es ist kein böser Wille, wenn man in Lewes plötzlich dieses fremd anmutende Geld in der Tasche hat. Im Jahr 2008 wurde hier das Lewes Pound wieder eingeführt, ein ergänzendes Zahlungsmittel, das mit 1er-, 5er-, 10er- und 21er-Pfund-Banknoten im Umlauf ist. Es soll die heimische Wirtschaft stärken und wird in zahlreichen örtlichen Shops akzeptiert.

WEITERE INFORMATIONEN

Firle Estate, The Estate Office, The Street, Firle, Lewes BN8 6NS, Tel. 0044/1273/85 85 67, Juni–Sept. So–Do 14–16.30 Uhr, www.firle.com
Lewes Pound, alles rund um die Währung erfährt man unter www.thelewespound.org

Zwar kein Geheimtipp mehr, aber ein absolutes Must-see für Naturfreunde sind die zwischen Eastbourne und Seaford gelegenen Seven Sisters.

GORING-BY-SEA – MICHELANGELO IN WEST SUSSEX

DIE AUGEN ZUR DECKE

Goring-by-Sea gehört zur Küstenstadt Worthing und liegt rund drei Kilometer westlich davon. Der 8000-Seelen-Ort ist eine typische Kleinstadt ohne große Sehenswürdigkeiten, an den Kieselsteinstränden tummeln sich Wassersportler und Kitesurfer. Aber es gibt einen versteckten Schatz: eine Kirchendecke, die es in sich hat.

Goring ist einer jener Orte an der englischen Südküste, die kein leichtes Schicksal haben. Zu groß, um noch als Fischerdörfchen auf sich aufmerksam zu machen, zu klein, um als mondänes Seebad die Gäste anzuziehen. Dann musste man auch noch das Suffix »by-Sea« anbringen, um sich eindeutig von Goring-on-Thames in Oxfordshire unterscheiden zu können. Im Jahr 1929 erfolgte schließlich die Eingliederung in den Bezirk Worthing, und so lebt es sich ziemlich ungestört, trotz kleiner Bahnstation an der Linie von Brighton nach Littlehampton. Da nutzt es wenig, dass der Schriftsteller Oscar Wilde seinen Lord Goring in der Komödie *Ein idealer Gatte* nach dem Ort benannt hat, in dem er im Sommer 1893 ein kleines Landhaus bewohnte. Auch in seinem Brief *De Profundis*, den Wilde aus dem Gefängnis an seinen Geliebten Lord Alfred Douglas schrieb, kam Goring vor als ein Ort, an dem sich beide aufhielten. Das hat alles nicht geholfen, aus Goring-by-Sea ist kein Brighton geworden, doch hat man es hier auch ohne große Touristenattraktionen an der Küste ganz angenehm.

Erinnerung an die Märtyrer

Wer einmal in Rom die Sixtinische Kapelle, das berühmte Deckengemälde von Michelangelo Buonarotti und die Wandgemälde von Botticelli und weiteren Malern der Renaissance gesehen hat, wird dieses Erlebnis als einmaligen Kunstgenuss in Erinnerung behalten. Und man empfindet das sicher auch so, weil die Kapelle als Teil des Apostolischen

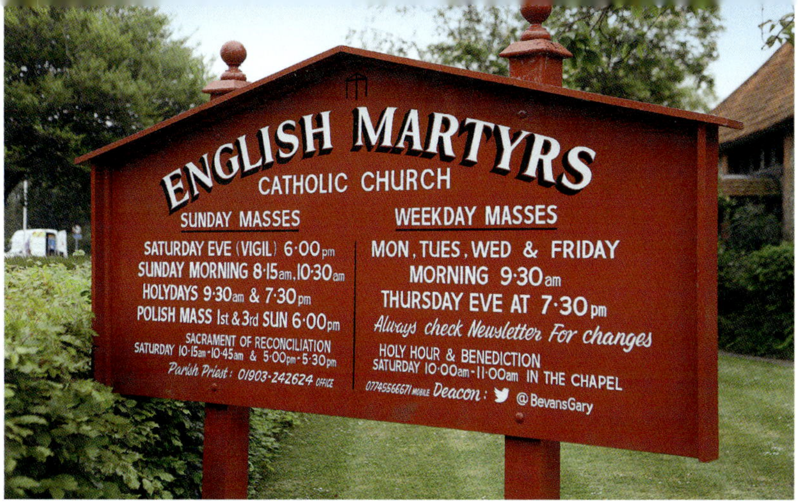

Imposantes: In Goring-by-Sea traut man seinen Augen nicht, wenn man die katholische Kirche der englischen Märtyrer betritt. Das Gewölbe versetzt die Besucher nach Rom in die Sixtinische Kapelle (linke Seite).

Palastes in der Nachbarschaft des Petersdoms wie selbstverständlich zu einem baulichen Ensemble gehört, das nicht nur Christen aus aller Welt anzieht. Nun hat nicht jeder die Gelegenheit, nach Rom zu fahren, um die Sixtinische Kapelle aus dem 15. Jahrhundert zu bewundern, doch er hat, zumindest wenn er in Südengland lebt, noch eine zweite Chance, sich diesen Genuss zu verschaffen. Er muss nur nach Goring-by-Sea fahren und eine Kirche besuchen, die den römisch-katholischen Märtyrern gewidmet ist, die während der Reformation in England zwischen 1534 und 1680 für ihren Glauben ihr Leben ließen. Ihm werden die Augen aufgehen, wenn er die Kirchentüre geöffnet hat.

Farbenfrohes Bekenntnis des Glaubens

Die English Martyrs Catholic Church in Goring-by-Sea weist eine Besonderheit auf: die einzige derzeit bekannte Reproduktion der Deckengemälde aus der Sixtinischen Kapelle in Rom. Sie wurden von Gary Bevans angefertigt und sind ein kleines Wunder. Der Plakatmaler Bevans, Autodidakt und Gemeindemitglied, begann seine Arbeit im Jahre 1987 nach einer Rom-Pilgerreise zur Seligsprechung von 85 englischen Märtyrern, die ihn tief beeindruckt haben muss. Er wollte das Michelangelo-Deckengemälde in seiner Heimatkirche anbringen und bekam vom Bischof die Genehmigung dazu. Das fertiggestellte Gemälde ist nur etwa ein Drittel kleiner als das Original und glänzt in den gleichen Farben, die auch die Sixtinische Kapelle nach ihrer Restaurierung aufweist. Nach fünfeinhalb Jahren Arbeit hatte er es 1993 geschafft. Wer heute die Kirchentür öffnet, erlebt dank Gary Bevans ein großartiges Gefühl von Erhabenheit und ein faszinierendes Erlebnis von »Rom in Goring-by-Sea«.

WILDE SCHWESTERN

Haven Brow, Short Brow, Rough Brow, Brass Point, Flagstaff Point, Flat Hill, Baily's Hill und Went Hill Brow: Ja, richtig gezählt, das sind acht Namen für jene Küstenformation zwischen Eastbourne und Seaford, die »Seven Sisters« genannt wird. Können die Engländer nicht mehr zählen? Keine Sorge, sie haben es nicht verlernt, denn das sind die Bezeichnungen für die acht Kuppen der sieben dazwischenliegenden Senken. Ob sieben oder acht ist unerheblich, was zählt, ist die imposante Küstenszenerie der »Damen« im Kreidefelsen-Look und die oft stürmische See, deren Wellen bei Flut gegen die Klippen peitschen und so ständig an ihnen nagen. Vom Dorf Birling Gap, dessen letzte Häuser auch bald vom Meer verschlungen sein werden, führt eine Treppe hinunter zum Strand, aber aufpassen, denn man kann den sieben Ladys nicht trauen.

WEITERE INFORMATIONEN

English Martyrs Catholic Church, Goring Way, Goring-by-Sea, Worthing BN12 4UH, Tel. 0044/1903/50 68 90, https://english-martyrs.co.uk

Seven Sisters Country Park, Exceat, Seaford, East Sussex BN25 4AD, Tel. 0044/1730/81 48 10, www.sevensisters.org.uk

8

BRIGHTON – SPUK IN PRESTON MANOR

LADYS IN WEISS UND GRAU

Brighton ist ein typisch englisches Seebad mit Tradition. Zwischen dem idyllischen Hügelland der South Downs und dem Ärmelkanal gelegen, erfreut es sich immer noch großer Beliebtheit. Unkonventionelle Lebensfreude trifft hier auf facettenreiche Kulturereignisse. Ein besonderes Kleinod am Rande ist Preston Manor.

Ob man Klassik oder Komödien mag, moderne Architektur schätzt oder majestätische Prunkbauten liebt, Brighton bietet alle Stilrichtungen. Auf der Suche nach den versteckten Schätzen der Stadt kommt man nicht an ihrer imposanten Geschichte vorbei. Ein Wahrzeichen stammt aus dem 18. Jahrhundert, als Brighton als Seebad immer populärer wurde. Von der zwanglosen Atmosphäre angezogen, beauftragte der lebenslustige Prinzregent und spätere König George IV. zunächst den Architekten Henry Holland, eine neoklassizistische Villa zu bauen.

Indischer Märchenpalast

Ab 1802 wurden die Räume im chinesischen Stil ausgestattet, ab 1815 übertrug er dem damaligen Star-Architekten John Nash die Aufgabe, einen Palast wie aus einem Märchen zu konstruieren. Nash ließ seiner Fantasie beim Royal Pavilion freien Lauf und gab dem Bauwerk das Äußere eines indischen Palastes mit Kuppeln, Minaretten und Bogengängen. Das Erscheinungsbild kommt einem noch immer vor wie eine Fata Morgana: Bin ich hier wirklich in Südengland? George IV. regierte bis 1830, sein Bruder und Thronfolger Wilhelm IV. nutzte den Royal Pavilion ebenfalls als königliche Residenz. Erst die Nichte der beiden, Königin Victoria, fand Brighton viel zu laut und überlaufen und verkaufte das »Lustschloss« 1850 an die Stadt. Seither wurde der größte Teil der ursprünglichen Raumausstattung wieder herbeigeschafft und das Gebäude mit vielen Millionen Pfund restauriert.

Im Haus der Familie Stanford

Wer aber das Außergewöhnliche in Brighton sucht, macht sich auf den Weg zum etwas nördlich am

Stadtrand gelegenen Preston Park. Mächtige Ulmen und Eichen umgeben dort ein versteckt liegendes *Manor House* mit typisch britischer Geschichte. Das Preston Manor House, das von außen eher unscheinbar daherkommt, präsentiert im Inneren aber ein authentisches Bild der Zeit Edwards VII. Wesentlich geprägt von den Stanfords, einer der reichsten Familien in Sussex im 18. und 19. Jahrhundert, lassen das sorgfältig ausgesuchte und gepflegte Mobiliar, die Küchengegenstände und Accessoires aus der edwardianischen Periode nach 1900 in den Räumen des Anwesens eine Atmosphäre entstehen, die zwar aufgeklärt und Neuem gegenüber offen erschien, aber dennoch an manchen traditionellen Gepflogenheiten festhielt. Dazu gehören neben der Historie des Hauses, die bis ins 11. Jahrhundert zurückgeht und von Bischöfen bis zum Königshaus so ziemlich alle Besitzer vorweisen kann, die Rang und Namen hatten, auch die Lokalgeschichte des einstigen Dorfes Preston aus der Zeit der Sachsen bis zu seiner Eingemeindung ins heutige Brighton and Hove.

Und was darf in einem solch traditionellen englischen Herrenhaus auf keinen Fall fehlen? Genau, die abgetrennte Hand auf dem Bettgestell, die Tür, die sich von alleine öffnet und der Leuchter, der sich selbstständig an- und ausschaltet. Preston Manor ist auch bekannt für die Weiße und die Graue Lady, die als Geister noch heute ihr Unwesen treiben sollen. Während die weiße Dame sich im ganzen Haus herumtreibt, bevorzugt die graue Geisterlady die große Haupttreppe für ihre gruseligen Auftritte. In jüngster Zeit soll sogar ein Geist gesichtet worden sein, der im Kinderzimmer mit dem Spielzeugtraktor gefahren ist. *»Oh my God!«*

Geistvoll: Bis ins 11. Jahrhundert zurück reicht die Geschichte von Preston Manor, und wie es sich für solch ein altes Gemäuer gehört, darf auch das damit verbundene Gespenst nicht fehlen, Spukgeschichten inklusive.

SCHLEMMEN IM »TERRE«

Kann man ein vegetarisches Restaurant nicht nur in einen Gourmettempel, sondern auch in ein kleines Kommunikationszentrum verwandeln? Man kann, und das ist eindrucksvoll in Brighton in der East Street gelungen. Im Jahre 1993 eröffneten Amanda Powley und Philip Taylor hier das Terre à Terre, das die üblichen Grenzen der vegetarischen Küche erweitert hat. Viele halten das Lokal nach mehr als 30 Jahren immer noch für das beste vegetarische Restaurant in ganz Großbritannien. Das Erfolgsgeheimnis ist nicht nur ein freundliches, unkompliziertes Ambiente und Speisen und Getränke, die aus lokalen frischen Erzeugnissen produziert und kreativ kombiniert werden. Hier werden auch Tipps und Ideen für neue Gerichte und Zutaten ausgetauscht, in einer kommunikativen Atmosphäre, die einzigartig ist.

WEITERE INFORMATIONEN

Preston Manor, Preston Drove, Brighton, BN1 6SD, Tel. 0044/300/029 09 00, April–Sept. Di–Sa 10–17, So 14–17 Uhr, https://brightonmuseums.org.uk/preston-manor-gardens
Terre à Terre, 71 East Street, Brighton, BN1 1HQ, Tel. 0044/01273/72 90 51, www.terreaterre.co.uk

PAINSHILL – DIE WELT DES CHARLES HAMILTON

HARMONIE IN VOLLENDUNG

In Südengland gibt es in allen Grafschaften einmalige Gärten und Landschaftsparks. Nicht nur große Namen wie Sissinghurst, Stourhead oder die Lost Gardens of Heligan verzaubern die Besucher. Selbst derjenige, der die meisten Gärten kennt, wird immer wieder überrascht von Perlen abseits der Routen – wie etwa Painshill Park.

Der See funkelt in der Sonne, um noch einmal auf sich aufmerksam zu machen, bevor er sich in der Ferne verliert. Das muss er auch, denn hier breitet sich rund um das Wasser ein gartenarchitektonisches Märchenland aus, das die Blicke auf sich zieht wie kein anderes. Es ist heiß, die Sonne steht hoch, die Bienen umschwärmen die Magnolien und ihre süß duftenden Blüten, als seien sie betört von der weißen Pracht und der Artenvielfalt. Die kleine Statue am Wegesrand könnte ebenso ein guter Waldgeist sein, der den Wanderern den rechten Weg zeigt. Denn auf einem Gebiet von 80 Hektar mit Wäldern, Hügeln und Tälern kann man sich schon einmal verlaufen. Was nicht weiter schlimm wäre, denn in Painshill Park trifft man sicherlich irgendwann einen der Gärtner, die hier, unmittelbar westlich des Städtchens Cobham in Surrey, einen Landschaftsgarten pflegen, der wegweisend für die gesamte englische Landschaftsarchitektur war.

Eine Landschaft wie ein Gemälde

Das wunderbare Areal, ein Refugium aus uralten Bäumen, sanft geschwungenen Uferpartien um einen langgezogenen See, der von den Wassern des River Mole gespeist wurde, mit seinen Gartenelementen wie Grotte, Ruine, Tempel und Brücken,

Entrückt: Wer Painshill und seinen Landschaftsgarten betritt, taucht ein in eine andere Welt. Sogar eine Grotte gibt es in Charles Hamiltons einzigartiger Parkanlage zu bestaunen (oben).

erscheint malerisch komponiert und als Hommage an die antiken Götter und Helden gestaltet worden zu sein. Tatsächlich hat sich Charles Hamilton auf seinen beiden großen Reisen durch Europa von den klassischen Landschaften unseres Kontinents inspirieren lassen und so eine Parklandschaft geschaffen, die zu den ersten Anlagen im Stil des englischen Landschaftsgartens gezählt werden muss. Sie wurde zum Vorbild für zahlreiche Parks in Europa, darunter auch den in Wörlitz.

Autodidakt Charles Hamilton

Die Entstehungsgeschichte dieses einzigartigen Landschaftsparks ist natürlich eng verbunden mit seinem Gestalter Charles Hamilton. Er wurde 1704 in Dublin in die Aristokratenfamilie des 6. Earl of Abercorn hineingeboren, die meiste Zeit seines Lebens verbrachte er aber in Großbritannien. Er war das 14. Kind und der jüngste von insgesamt neun Söhnen, es muss also lebhaft zugegangen sein in seiner Kindheit und Jugend, auch wenn es ihm kaum an etwas gefehlt haben dürfte. Ob die große Zahl an Brüdern und Schwestern später Einfluss nahm auf seine revolutionären Gartengestaltungsideen, ist reine Spekulation. Man könnte aber auf diesen Gedanken kommen, wenn man Painshill durchstreift, denn selbst auf einem überschaubaren Areal gelingt es ihm immer wieder durch gezielt gesetzte Elemente, den Blick in die Ferne schweifen zu lassen und das Gefühl von Weite zu erzeugen.
Mit 14 Jahren wurde Hamilton auf die Westminster School geschickt, er studierte Latein und Griechisch und fand Studienkollegen, die ein Leben lang seine Freunde blieben. Darunter war Henry Hoare, der später den berühmten Garten von Stourhead in Wiltshire entwarf – einige Ähnlichkeiten dieser Parkanlage mit Painshill sind frappierend.
1723 schloss Hamilton seine Studien in Oxford und Christ Church ab und begab sich, wie damals in adligen Kreisen üblich, auf große Europareise, um andere Kulturen, Stile und Philosophien kennenzulernen. Im Jahr 1727 wurde er Parlamentsmitglied in Irland für Strabane, eine Position, die er bis 1760 innehatte, von deren Pflichten er allerdings nicht sehr viel hielt, denn er verbrachte weiterhin seine meiste Zeit in England. 1732 ging er auf eine zweite »Grand Tour« durch Europa, und nach seiner Rückkehr

1737 kaufte er die Ländereien von Painshill. Ein Jahr später begann er, das Anwesen nach seinen Ideen in seinen ganz persönlichen Vergnügungspark zu verwandeln, eine Aufgabe, die immerhin bis 1773 andauerte. Er verschuldete sich aber so sehr für die Realisierung seiner Ideen, dass er 1773 Painshill verkaufen musste. Er zog nach Bath, heiratete noch einmal und verstarb im folgenden Jahr.

Im Painshill Park werden Obst und Gemüse angebaut. Hier trocknen Zwiebeln an einer Hausmauer (links). Sehenswert ist auch die Watts Gallery im kleinen Ort Compton (unten).

Ästhetik in der Natur

Charles Hamilton erntete bereits zu Lebzeiten großes Lob von bedeutenden Persönlichkeiten wie Horace Walpole, dem britischen Schriftsteller, Politiker und Künstler, und Thomas Jefferson, einem der Gründerväter und späteren Präsidenten der Vereinigten Staaten von Amerika. Jeder, der Painshill besuchte, war begeistert von der Landschaftsinszenierung, die völlig natürlich und wie die freie Natur selbst wirkt. Sein Gefühl für Harmonie in der Natur, sein ästhetisches Verständnis und das Wissen über den Kreislauf von Wachsen und Vergehen sind bis heute einzigartig und unübertroffen. Das kann jeder nachvollziehen, der den Tempel des Bacchus in seiner prächtigen Umgebung sieht oder die Einsiedelei in einem eher düsteren Waldstück, den Pavillon und Turm im neogotischen Stil, die Grotte oder die große Brücke über den See. Nichts wirkt hier in der sanft gewellten Landschaft künstlich gesetzt, sondern alles harmonisch komponiert.
Es ist ein Glücksfall, dass die Anlage heute noch so erhalten ist und gepflegt wird. Nachdem Hamilton alles verkaufen musste, brachen schwierige Zeiten für den Landschaftspark an, denn die nachfolgenden Besitzerfamilien hatten wenig übrig für Gartenarchitektur. In der Mitte des 20. Jahrhunderts wurden Teile sogar zur land- und forstwirtschaftlichen Nutzung freigegeben. In den 1970er-Jahren verfiel alles in einen erbärmlichen Zustand, der nicht nur Gartenliebhaber empörte und zur Gründung einer Stiftung führte, die sich seit 1980 erfolgreich um den Wiederaufbau in den Originalzustand kümmert – inklusive einer großen Anzahl nordamerikanischer Koniferen. Wer diesen Prototyp des Englischen Landschaftsparks und -gartens bewundert hat, sieht fortan die Gärten der Welt mit anderen Augen, dafür hat Charles Hamilton eindrucksvoll gesorgt. Man kann übrigens auch Mitglied der Stiftung werden und den Erhalt des Anwesens so unterstützen.

ZU HAUSE BEI ENGLANDS MICHELANGELO

George Frederic Watts (1817–1904) gilt als der bedeutendste Maler des viktorianischen Zeitalters. Als Porträt- und Landschaftsmaler, als Bildhauer und Symbolist war sein Werk im höchsten Maß Ausdruck jener Zeit und brachte ihm den Titel »Englands Michelangelo« ein. In seinem Todesjahr öffnete die Watts Gallery in Compton in den anmutigen Surrey Hills mit mehr als 100 seiner Gemälde erstmals die Tore für ein Publikum, das ihn – ebenso wie seine Malerkollegen – hoch verehrte. 100 Jahre später drohte sein Anwesen zu verfallen, 2011 war es nach umfangreicher Restaurierung gerettet und zu einem Künstlerdorf ausgebaut, wie es schöner nicht sein kann. Auch eine Kapelle und eine Töpferei gehören dazu, ebenso ein Restaurant, Café und Teehaus, die den Ausflug ins Dorf der Kunst perfekt ergänzen.

WEITERE INFORMATIONEN

Painshill, Portsmouth Road, Cobham, Surrey KT11 1JE, Tel. 0044/1932/86 8113, täglich 10–16 Uhr, www.painshill.co.uk
Watts Gallery Artists' Village, Down Lane, Compton, Surrey GU3 1DQ, Tel. 0044/1483/81 02 35, täglich 10.30–17 Uhr, www.wattsgallery.org.uk

THAMES DITTON – MINIATUREISENBAHN-ERLEBNIS

ES DAMPFT UND SCHNAUFT UND PFEIFT

Es gibt Orte und Menschen, die bringen das Kind im Manne oder das junge Mädchen in der Frau zum Vorschein, als ob man die Zeit zurückdrehen könnte. Die Jungs von der Thames Ditton Miniature Railway sind solche Zauberkünstler. Sie lassen Großeltern und Enkel vor Freude strahlen, als gäbe es kein Morgen.

Thames Ditton ist ein 6000-Einwohner-Ort an der Themse in der Grafschaft Surrey westlich von London, der unmittelbar an den Fluss und den Großraum der Metropole angrenzt. Trotz seiner Lage am Speckgürtel der Hauptstadt hat der Ort seinen ländlichen Charakter bewahrt, auch wenn hier bereits im Lauf der Geschichte bedeutende Technikunternehmen ansässig waren. Eingerahmt von den Flüssen Themse im Norden, Mole und Ember im Westen und durchzogen vom Fluss Rythe, bildeten bis ins 16. Jahrhundert sumpfige Feuchtgebiete das Umland und ließen eine wirtschaftliche Entwicklung kaum zu. Bis im frühen 16. Jahrhundert der Bau des Hampton Court Palace auf der gegenüberliegenden Seite begann. Arbeiter und Hofbedienstete zogen nach Thames Ditton, und die örtliche Brücke über den Fluss bekam plötzlich große Bedeutung.

Unter Feuer

Ende des 19. Jahrhunderts hatte das angesehene Unternehmen Willans and Robinson hier seinen Stammsitz, das schnell laufende Dampfmaschinen produzierte, zur Stromversorgung von Industrie, Gewerbe sowie einiger Kultureinrichtungen. Das Schnaufen der Dampfmaschinen ist in Thames Ditton also kein ungewöhnliches Geräusch. Auch heutzutage nicht. Das liegt vor allem an einem enthusiastischen Klub der Modelleisenbahn-Inge-

Wer die gute alte Zeit der Dampflokomotiven noch einmal erleben will, sollte sich auf den Weg nach Thames Ditton machen. Neben den Miniatur-Lokomotiven beeindruckt genauso der Enthusiasmus, mit dem die Vereinsmitglieder ihre guten Stücke hegen und pflegen.

nieure, die es sich auf die Fahnen geschrieben haben, ihre kleinen Dampflokomotiven und Waggons zur Freude der Besucherinnen und Besucher auf die Schienen zu setzen. Einsteigen und Staunen ist hier ausdrücklich erwünscht. Und die meist ehrenamtlichen Lokführer und Helfer geben gerne Auskunft über jedes Modell, seine Besonderheiten und seine Geschichte.

Mit großer Liebe zum Detail

Der Verein wurde im Jahre 1936 in New Malden gegründet. Er betrieb eine portable Modelleisenbahnstrecke, die man für Feste mieten konnte. Die drei Mini-Lokomotiven »Maise«, »Marina« und »LNER 4472« der »Flying Scotsman« waren sehr beliebt und beförderten während der Sommermonate bis zu 10 000 große und kleine Eisenbahnliebhaber. Nach dem Zweiten Weltkrieg bekam die Gesellschaft der Modelleisenbahn-Ingenieure im Jahr 1948 einen festen Standort in Thames Ditton angeboten, der bis heute mit Klubhaus und zwei Fahrstrecken ihr Zuhause ist.
Einer der Vereinszwecke ist das Zusammenbringen von Menschen, die sich für Modelleisenbahnen interessieren, und das gelingt ausgezeichnet. Wer an den Öffnungstagen die vielen staunenden und glücklichen Gesichter von Jung und Alt erblickt, wer sieht, wie sie mit großem Spaß ihre Runden drehen und wie die Dampfloks schnaufen und pfeifen, wird selbst zum Modelleisenbahnfan. Auch im Winter schlafen die Aktivitäten nicht ein, gibt es Workshops und Teilnahmen an den beiden großen Ausstellungen: der »Model Engeneering Show« at Sandown Park Esher Surrey im Dezember und der »London Model Engeneering Exhibition« im Alexander Palace in North London. Einen Preis für den besten Stand hat man im Jahre 2012 auch bereits bekommen. Doch die Goldmedaille haben eigentlich alle Mitglieder und Helfer der Gesellschaft verdient, die mit ihren faszinierenden, fahrbereiten Modelleisenbahnen ein bedeutendes Stück Verkehrsgeschichte lebendig erhalten, das so viele Menschen glücklich macht und einen Besuch der Thames Ditton Miniature Railway zum besonderen Erlebnis werden lässt.

ZUM TEUFEL MIT DEM GALGEN

Warum ein Pub in London sich Prospect of Whitby nennt, darüber kann man nur Vermutungen anstellen. Die Aussicht auf die Themse ist perfekt, bis nach Whitby reicht sie nur imaginär. Bram Stoker schrieb in Whitby Teile seines Dracula-Romans. Wer zu jenen gehört, die für skurrilen Humor nichts übrighaben, sollte sein Bier nicht unbedingt in Londons ältesten Pub an der Themse trinken – oder zumindest sich ein Eckchen suchen, von dem aus er nicht auf die Terrasse blicken kann. Denn der Anblick des sanft im Wind schaukelnden Galgen-Stricks, der über dem Fluss baumelt, lässt schaudern. Unweit des heutigen Attrappen-Galgens befand sich die Hinrichtungsstätte der königlichen Marine. Der Galgen musste im Wasser stehen, weil die Admiralität an Land keine Rechtsprechung ausüben durfte.

WEITERE INFORMATIONEN

Malden and District Society of Model Engineers Ltd. Willowbank, Claygate Lane, Thames Ditton, Surrey KT7 0LE, ein- bis dreimal im Monat sonntags geöffnet, Termine über die Webseite https://malden-dsme.org
Prospect of Whitby, 57 Wapping Wall, Wapping, Greater London, E1W 3SH, Tel. 0044/02074/811095, Mo–Do von 11–23, Fr, Sa bis 23, So bis 22 Uhr, www.greeneking.co.uk/pubs

11

HOGSMILL RIVER – QUELLE DER INSPIRATION

TRAGISCHE SCHÖNHEIT IM FLUSS

Es besteht kein Zweifel, dass die Tragödie *Hamlet* von William Shakespeare zu den bedeutendsten Werken der Weltliteratur zählt, vielleicht ist sie sogar aufgrund der Vielschichtigkeit der Charaktere und Handlungen das großartigste Werk aller Zeiten. Doch was hat das mit dem Hogsmill River und Old Malden zu tun?

Man braucht den *Hamlet* nicht unbedingt gelesen zu haben, um diesen Ort zu suchen, auch wenn das mit Sicherheit eine Bereicherung ist. Denn selbst heute noch, weit über 400 Jahre nachdem Shakespeare das Stück 1602 schrieb, fasziniert und inspiriert es mit seinen Geschichten voller Machtstreben, Intrigen, vergeblicher Liebe und Leidenschaften, die oft genug ins Verderben führen. Aus der Vielzahl an Handlungssträngen, Erzählebenen und Protagonisten werfen wir einen Blick auf Ophelia, die anmutige Tochter des königlichen Ratgebers Polonius. Prinz Hamlet und Ophelia sind ein Liebespaar, doch wie man ahnt, sollen die beiden nicht zueinanderfinden. Polonius hintertreibt die Beziehung, intrigiert gegen die eigene Tochter und erzwingt so die Trennung Hamlets, der dem Wahnsinn verfallen zu sein scheint, von seiner geliebten Ophelia. Das Schicksal nimmt auch in diesem Handlungsnebenstrang seinen bösen Verlauf: Hamlet tötet Polonius eher zufällig und wird nach England verbannt. Ophelia fällt in tiefe Trauer und stürzt unter nicht geklärten Umständen in einen Bach und ertrinkt.

Der Maler der Ophelia

Dass dieses tragische Schicksal von Ophelia und Hamlet Künstler aller Gattungen inspiriert hat, ist wenig verwunderlich. Zu herzergreifend ist diese Geschichte, um nicht weiterverarbeitet und illust-

riert zu werden. Ganz besonders ergriffen davon war John Everett Millais, ein englischer Maler aus dem Kreis der Präraffaeliten, übrigens der erste Künstler überhaupt, der von Königin Victoria den Adelstitel »Baronet« verliehen bekam. Er muss ein Wunderkind gewesen sein, denn schon mit elf Jahren wurde er als jüngstes Mitglied aller Zeiten im Jahr 1840 in die Royal Academy of Arts in London aufgenommen. Rund 250 Jahre nach der Veröffentlichung des *Hamlet* zeigte Millais 1852 öffentlich sein Werk *Ophelia*. Nur ein Jahr später folgte er einer Einladung des Philosophen John Ruskin, in dessen Frau er sich prompt verliebte. 1855 heiratete er Effie, die sich von Ruskin getrennt hatte. Um dem Skandal in der Londoner Gesellschaft zu entgehen, lebten beide dann sechs Jahre lang in Schottland – ein Stoff, aus dem Shakespeare sicher auch ein großartiges Drama gemacht hätte.

Jeder Künstler lebt mit und von der Fantasie, die von unterschiedlichen Eindrücken gespeist wird. Für John Everett Millais war es ein kleiner Fluss in der Nähe der Kirche in Old Malden (linke Seite), der ihn zu seinem Werk *Ophelia* (unten) inspirierte.

Ein bewegter Ort der Inspiration

Für sein Gemälde der Ophelia suchte Millais einen besonders verwunschenen Ort, denn es bleibt in dem Stück zweideutig, ob Ophelia Selbstmord beging oder nur durch ein Missgeschick in den Bach stürzte und ertrank. Das Bild der im Wasser liegenden elfengleichen Ophelia ist weltberühmt geworden, und so verwundert es nicht, dass man sich auf die Suche machte nach jener Stelle, die den Maler dazu inspirierte. Wer den Hogsmill River kennt, die Wiesen und Wälder zwischen Old Malden und Tolworth durchstreift, findet sicher die »Six Acre Meadow« und jenen Platz am Bach, der dem Maler als der passende erschien. Der dichte Baum- und Heckenbewuchs muss übrigens zu Zeiten des John Everett Millais wesentlich lichter gewesen sein, anders sind die konturenscharfe Helligkeit des Bildes und die Reinheit des Wassers kaum zu erklären. Den Körper hat Millais übrigens erst später in seinem Atelier hinzugefügt, hier draußen ging es ihm vor allem um eine naturnahe Stimmung am Bach, die er dann auch auf faszinierende Weise für die Ewigkeit festgehalten hat.

GEBORGENHEIT INNEN UND AUSSEN

Ein mächtiger Vierecksturm aus roten Backsteinen, ein Kirchendach aus Ziegelsteinen, alles umgeben von Zypressen und hohen Laubbäumen, die wie eine schützende Wand die kleine Kirche einhüllen: St John the Baptist in Old Malden ist ein Beispiel für eine Landkirche der Church of England, wie sie schöner nicht sein könnte. Wenn man dann den Innenraum des Gotteshauses betritt, empfängt den Besucher eine besondere Atmosphäre, die Geborgenheit ausstrahlt. Durch ein großes Dachfenster fällt Licht auf den Altarraum, während in der Kirche sonst eher warme Braun- und Beigetöne vorherrschen. Auffällig viele frische Blumensträuße findet man an jeder Ecke, ein Zeichen für eine lebendige christliche Gemeinde, die sich als *inclusive church* besonders auch um die Randgruppen der Gesellschaft kümmert.

WEITERE INFORMATIONEN

Hogsmill River Park, London Parks & Gardens Trust, Duck Island Cottage, St James' Park, London SW1A 2BJ, Tel. 0044/2078/39 39 69, www.londongardenstrust.org

St John The Baptist, Old Malden, Church Road, Worcester Park, Surrey KT4 7RY, https://stjohnsoldmalden.org.uk

12

FARNHAM – IM REICH DER FANTASIE

SKULPTUREN IM MÄRCHENPARK

Von Wolle über Getreide und Hopfen zur Kunst, mit diesen Stichworten kann man Farnhams Entwicklung zur prosperierenden Marktstadt beschreiben. Auch die Bischöfe von Winchester spielten hier stets eine große Rolle, so haben Handel und Kirche Farnham wesentlich geprägt. Besonders fantasievoll geht es im Skulpturenpark zu.

Farnham, das etwa auf halber Strecke zwischen Winchester und London liegt, ist mit seinen rund 38 000 Einwohnern ein gutes Beispiel für eine Stadt, die Vergangenheit und Gegenwart miteinander verbindet, ohne den Charakter zu verlieren. Obwohl der Ort sich in den letzten Jahren zu einer lebhaften Marktstadt entwickelt hat, bleibt auch das historische Erbe präsent und wird gepflegt. Vor allem die Häuser aus dem 18. Jahrhundert ziehen die Blicke an, sie stammen aus einer Zeit, in der Farnham nach dem Woll- und Getreidehandel in erster Linie mit dem Hopfenanbau zu beachtlichem Reichtum gelang war. Es ist schon erstaunlich, wie man hier in Farnham Altes und Neues, Traditionelles und Modernität harmonisch miteinander zu einer Einheit verbindet, die einen besonderen Charme entwickelt. Und bereits 1880 gab es die Farnham School of Arts, die heute in der University for Creative Arts mit dem Institute of Crafts & Design ihre Fortsetzung findet.

Da wundert es nicht, wenn zahlreiche Galerien, Kunsthandwerk- und Juweliergeschäfte neben den vielen Kunststudenten den Ton angeben. Kunst, Kulturaktivitäten und Kunsthandwerk gehören heute in England nicht nur zum guten Ton, sondern sind für viele zum festen Bestandteil des täglichen Lebens geworden. Diese Haltung ist in Farnham besonders ausgeprägt. So gibt es im Kulturzentrum Farnham Maltings neben der Kulturvermittlung auch eine breite Palette an Kursangeboten, in denen man seine verborgenen Talente entdecken kann.

Der Skulpturenpark von Farnham überrascht Besucher mit fantasievollen Figuren. Bei einem Besuch in Farnham Castle erfährt man jede Menge Wissenswertes zur englischen Geschichte (unten).

Skurrile Wesen bevölkern den Park

Eigentlich pflegt man auch in Farnham ein gewisses Maß an Bescheidenheit im Ausdruck, doch die eine oder andere Ausnahme bestätigt wieder einmal die Regel. Superlative erscheinen manchen zu Recht suspekt, doch in diesem Fall sind sie offensichtlich angebracht: Der Sculpture Park in Farnham bezeichnet sich selbst als die weltgrößte Skulpturenausstellung, die über 300 Künstler mit 600 Skulpturen präsentiert und dazu das ganze Jahr hindurch geöffnet ist. Zu der besonderen Lebendigkeit dieses Parks gehört auch, dass die Werke nicht nur in einer zauberhaften Natur- und Gartenatmosphäre gezeigt werden, sondern alle zu kaufen sind. Das hat zur Folge, dass ein ständiger Wechsel stattfindet, Neues ersetzt Altes, Buntes ersetzt Einfarbiges, und großformatige Kunstwerke treten an die Stelle kleinerer Formate. Hinzu kommt eine beeindruckende Vielfalt an Gartenskulpturen und Kunstwerken, die sich für den eigenen Garten und den Innenbereich des Hauses eignen. Da trifft man auf zwei Hirsche aus Baumstämmen und Zweigen, die sich mit ihren Geweihen bekämpfen, als wäre das darunterliegende Baumgerüst eine Goldader, die es wie das eigene Revier zu verteidigen gilt. Aus einem mit Wasserlinsen bedeckten Teich ragen mit Moos bewachsene Baumstümpfe hervor, auf denen steinerne Frösche den Besucher anlächeln, als seien sie verzauberte Prinzen, die auf den erlösenden Kuss warten. Auch das einsam an einer Bachböschung liegende Skulpturenpaar ist wie aus der Zeit gefallen, verträumt und entrückt von den Sorgen des Lebens. Selbst das Skelett, das auf einem Hochrad durch den Wald zu schweben scheint, und der Gnom, der ins Wasserreich seines Tümpels abtaucht, wirken da nicht mehr unheimlich. Lediglich die zwei roten Feuerdrachen mahnen zur Vorsicht – vielleicht könnte ja doch aus dieser Fantasiewelt Realität werden.

DIE BURG DER BISCHÖFE

Die historische Substanz der gut erhaltenen Burg Farnham Castle aus dem 12. Jahrhundert, von Bischof Henry de Blois aus Winchester erbaut, der Bergfried, die Bischofsresidenz und die Gärten lohnen die Besichtigung. Die Anlage ist heute praktisch in zwei Bereiche getrennt: Den Bischofspalast kann man mittwochs in einer einstündigen Führung erkunden, der Bergfried und die Gärten sind täglich geöffnet und können selbständig entdeckt werden. Ob Tudor Tower, elisabethanischer Flügel, Kapelle oder die große Halle: Hier wird englische Geschichte lebendig. Auch die wertvollen Holzschnitzarbeiten des englischen Bildhauers Grinling Gibbons (1648–1721) gilt es zu bewundern, die er während verschiedener Restaurierungsphasen in Farnham Castle anbrachte. Gibbons, in Holland ausgebildet, gilt als der beste englische Holzschnitzer aller Zeiten.

WEITERE INFORMATIONEN

Farnham Sculpture Park, Corner of Jumps and Tilford Road, Churt, Farnham, Surrey GU10 2LH, Tel. 0044/1428/60 54 53, www.thesculpturepark.com
Farnham Castle, Castle Street, Farnham, Surrey GU9 0AG, Tel. 0044/1252/72 11 94, www.farnhamcastle.com

LONDON

Weltmetropole mit außergewöhnlichen Attraktionen

Tower Bridge, Big Ben, Tate Modern … London wartet mit vielen touristischen Highlights auf. Doch auch wer nach dem besonderen und individuellen Reiseerlebnis sucht, wird hier fündig.

CAMDEN – IM REICH DES PUNKROCK

DRÖHNSTOFF FÜR DIE OHREN

Musikrichtungen gibt es wie Sandkörner am Meer, doch eines ist ihnen gemeinsam: Sie verschaffen uns einen meist entspannenden Hörgenuss, wenn man die für den individuellen Geschmack passende Auswahl getroffen hat. Es gibt aber auch Klänge, die einen pushen, Punkmusik gehört dazu. Ein Spezialladen in Camden hat sie.

Für manche ist es bestenfalls Krach, andere nennen es Geräusche, und nicht wenige schütteln einfach den Kopf: Punkrock-Musik hat es nie leicht gehabt, von einem breiteren Publikum geliebt zu werden. Das war auch nie die Intention. Eine mehr oder weniger anarchistische Ader und eine Szene weit weg vom Mainstream waren von Beginn an zentrale Merkmale. Als Protestbewegung gegen das Musik-Establishment hat der Punkrock das Bürgertum erschreckt und eine Gegenwelt entworfen, die farbenreicher, schriller, lauter, unkonventioneller daherkam und -kommt als alles bisher Dagewesene in der weiten Welt der Musik. Wenn etwas derart revolutionär und ästhetisch anders erscheint, bringt einen der erste, oft abschreckende Blick nicht weiter. Solch starke Phänomene und Bewegungen brauchen eine intensivere Auseinandersetzung, um sie annähernd zu verstehen. Dabei treten dann oft genug bekannte Motive, Gedanken und Ziele im neuen Gewand auf, die man nicht vermutet hätte. Das ist im Punkrock nicht anders.

Selbermachen ist schön

Schon einmal etwas von Trash Metal, Crust, Sludge oder Skacore gehört? Und wie ist es mit Melodic Hardcore, Powerviolence oder Skatepunk und Streetcore? Gerade die Ende der 1970er-Jahre in den USA und in England entstandene Hardcore-Punk-Richtung, eine Weiterentwicklung des Punkrock mit noch schnelleren Tonfolgen, hatte großen Einfluss auf die ab Mitte der 1980er-Jahre entstandenen Mu-

Klangvoll: Die Geschmäcker sind bekanntlich verschieden, die einen hören Beethoven und Bach und werden sich eher nicht in die Pratt Street nach Camden verirren. Für andere ist der All-Ages-Plattenladen das Paradies des Punkrock.

sikrichtungen wie Grunge oder Crossover. Gemeinsames Inhaltsmoment war DIY, das Do-it-yourself-Prinzip, das die ursprüngliche No-future-Grundhaltung des Punkrock ersetzte. So ist denn auch All Ages Records ein kleiner, »selbstgemachter« Musikladen und ein Label in Londons Stadtteil Camden in der Pratt Street, der als eine Art Mekka der Punkfans gilt.

Punk for all

Über dem Eingang des ganz in Schwarz gehaltenen Musikshops springen einem gleich förmlich die Großbuchstaben ins Gesicht, und die Menschen, die hier ein- und ausgehen, bilden tatsächlich ein breites Altersspektrum und verschiedene gesellschaftliche Schichten ab. Da gibt es natürlich die »echten Punker« mit Irokesenhaarschnitt, Silberketten an der schwarzen Jeans, Tattoos überall und Piercings an noch so ausgefallenen Gesichtsstellen. Doch auch junge »Normalos« sind dabei, ältere, aber jung gebliebene Revoluzzer, stilsicher gekleidete junge Geschäftsleute und Mittfünfziger im Piratenlook. Sie alle finden hier eine kaum zu übertreffende Auswahl an Punk-Stilrichtungen, gebannt auf CDs und Vinyl-Schallplatten. Außerdem T-Shirts, Taschen und Programminfos, wo der nächste Gig stattfindet, samt Eintrittskarten und Wegbeschreibung, denn die Szene hat noch immer etwas von Underground-Atmosphäre. Natürlich gibt es Pinnwand und Tauschbörse, kann man sich Flyer und Plakate drucken lassen und einen Drummer finden für den nächsten Auftritt. Diesen Punk & Hardcore Record Shop gibt es seit 2003, gegründet von Nick, Ayako und Dave, die genug davon hatten, dass die Punk-Record-Szene völlig zersplittert und über ganz London verteilt war. Sie begannen mit einem Stand auf dem Camden Market, bis sie den kleinen Laden fanden, der zum neuen »Home of Punk Records for All Ages« geworden ist. Sehens- und hörenswert!

GRÜNES HIGHBURY

Wirtschaftliche und ökologische Interessenskonflikte werden oft zu Gunsten der Ökonomie entschieden. Dass ökologische Aspekte aber nicht immer verlieren, zeigt der Gillespie Park. Naturpark für die Bevölkerung oder Parkplätze für ein Stadion, das war hier die Frage. Ein Fußballrasen ist keine Wildblumenwiese, gemeinsam ist beiden nur eines: Wenn man genügend Asphalt draufkippt, gewinnt man Bauland. Nur etwa 200 Meter Luftlinie liegen zwischen dem Emirates Stadium des Premier-League-Vereins FC Arsenal und dem Objekt der Begierde – da hätte man eine Menge Autos drauf parken können. Beim »hätte« ist es allerdings geblieben. Zum Glück, sagen die Ökologen, schade die anderen. Der 3,4 Hektar große Park schützt 80 Vogel- und 20 Schmetterlingsarten und 200 blühende Wildpflanzen.

WEITERE INFORMATIONEN

All Ages Records, 27a Pratt Street, Camden, London NW1 0BG, Tel. 0044/20/72670303, täglich 11.30–18.30 Uhr, www.allagesrecords.com

Islington Ecologgy Centre Gillespie Park, 191 Drayton Park, Islington, London N5 1PH, Tel. 0044/20/75274374, www.friendsofgillespiepark.co.uk

Kimono Magic:
Vanilla Pin Up
Chai High
Coco Loco
Chilli Chai Chocolate
Ginger Blues
Dew Drop Junkie
Immune Boost
More available - read our full menu!
Petal Heads - calming and destress
to unwind. Caffeine free.
4.50 (basic 3.50)
White Blossom - uplifting and fragrant
Jasmine silver needle white tea and the bright notes of chrysanthemum flowers.
4.50 (basic 3.50)
Butterfly Light - digesting and slimming
A perfect digestif after a heavy meal and one of the secrets to keeping slim. Dark Wuyi Oolong
with fat cleansing Pu Erh and aged Tangerine.
5.50 (basic 3.95)
More available - read our full menu!
TIPPLE TWISTER

14

CAMDEN – DIE WUNDERBARE WELT DER TEEKULTUR

ZARTE BLÄTTER IN ZARTEM PORZELLAN

Über die Frage, wie man einen guten Tee zubereitet, können Engländer trefflich diskutieren, mit einer Leidenschaft, die man ansonsten eher selten zu spüren bekommt. Im Land der gepflegten Höflichkeit und vornehmen Zurückhaltung geht es bei der Tee-Frage um mehr. Das Wohl der Nation steht schließlich auf dem Spiel.

Beunruhigendes geschieht in Großbritannien. Nein, dieses Mal geht es nicht um die Abstimmung über die Zugehörigkeit zur Europäischen Union und ihre Folgen, als im Juni 2016 genau 51,89 Prozent der Wähler für den Austritt des Vereinigten Königreichs stimmten. Und es geht auch nicht um die Frage, welchen Hut Queen Elizabeth II bei der nächsten großen Jubiläumsfeier getragen hätte. Selbst die Frage, ob der FC Liverpool nach dem Gewinn der Champions League 2019 in Madrid eine Ära der Unbesiegbarkeit auf europäischem Parkett gestartet hat, beschäftigt die Nation nicht so sehr wie das beängstigende Phänomen des sinkenden Teekonsums, der die britische Kultur unterwandern könnte. Der Pro-Kopf-Teekonsum ist rückläufig, hat sich seit 1974 sogar halbiert und nimmt, was Teebeutel betrifft, sogar um 20 Prozent ab. Das Wohl der Nation steht also auf dem Spiel. Werden wir ein Land der Kaffeetrinker? Was wird aus all den schönen, kleinen, gemütlichen Teehäusern im ganzen Land? Werden wir unsere Teeblätter nur noch online bestellen können oder werden sie sogar so teuer, dass man sich nur noch sonntags einen Nachmittagstee wird leisten kön-

Geschmackvolles: In England spielen die Kunst der Teezubereitung und das Wissen um Sorten und Anbaugebiete noch immer eine wichtige Rolle. Im Mei Leaf Teahouse ist man gut informiert und gibt seine Kenntnisse gern weiter.

nen? Auf diese drängenden Fragen gibt es eine einleuchtende Antwort: Solange die Raben im Tower of London über die Rasenflächen spazieren, sind die britische Monarchie und ihre Teekultur nicht gefährdet, »coffee to go« hin oder her.

Alles über Teekultur

Damit das auch so bleibt, gibt es Shops wie Mei Leaf in der High Street in Londons Stadtteil Camden Town. Im Jahr 2006 unter dem Namen Chinalife gegründet, kümmern sich Don und sein Team um den Erhalt und die Pflege der Teekultur auf höchstem Niveau. Dafür bereisen sie jedes Jahr mehrmals die Bergregionen Asiens, um die köstlichsten Tees der Welt ausfindig zu machen. Diese Höhepunkte der Teekultur werden von Meistern ihres Fachs auf perfektem Terroir angebaut, zum richtigen Zeitpunkt, meist im Frühjahr, gepflückt und absolut schonend verarbeitet. Die Philosophie des Unternehmens ist dabei so klar und einleuchtend wie ein Tasse des gesunden Getränks: *True tea* muss es sein, denn guter Tee ist eigentlich ein seltenes Erzeugnis – die richtigen Sorten, Teepflanzungen und Regionen zu finden, lautet die Aufgabe. Und auf diesem Gebiet hat das Team von Mei Leaf eine beachtliche Leistung erbracht, wie man bei einem Besuch des Ladens in Camden selbst erfahren kann. Neben den richtigen Teesorten spielt natürlich auch das geeignete Handwerkszeug eine wichtige Rolle, daher ist es nicht verwunderlich, dass man im Mei Leaf auch vom Teeservice aus feinem Porzellan über Filter bis zum Rührstäbchen alles bekommt, was Teetrinker begehren. Dabei weisen auch diese Gegenstände ausgesuchte Qualität und ansprechende Ästhetik auf, denn bekanntlich trinkt das Auge mit. Wenn man sich also mit den richtigen Utensilien eingedeckt hat, kommt das nächste Problem, das hier im Mei Leaf schnell gelöst werden kann: Welche Sorte passt zu mir, wohin geht meine Geschmacksrichtung, und wie kann ich den Tee perfekt zubereiten? »Gong Fu« heißen da-

Wer sich auf dieses Teehaus einlässt, vertraut den Mitarbeitern, die zunächst einmal versuchen, die zu jedem Kunden passende Sorte herauszufinden, um dann durch die Welt der Tees zu führen.

bei die Zauberwörter, eine Zubereitungsmethode, die mit wesentlich mehr Teeblättern arbeitet als der herkömmliche »Western Style«.

Man darf auch probieren

Wer sich der Tee-Welt nähert, steht zu Beginn vor einer unendlich erscheinenden Vielfalt an Sorten, Produzenten und Verarbeitungsvariationen. Davon sollte man sich nicht abschrecken lassen, denn im Grunde gibt es nur sechs verschiedene Arten, und die hilfsbereiten Fachkräfte im Mei Leaf Teahouse erklären jedem gerne die Unterschiede: Grüner, Weißer, Gelber, Schwarzer Tee, Oolong und nachvergorener Tee, wie zum Beispiel der vor einiger Zeit so populäre Puh-Erh-Tee. Dann kommt es natürlich auf den Jahrgang an, denn wie beim Wein ist nicht jedes Jahr ein gutes Jahr für den Teeanbau. Lernt man noch die wichtigsten Anbauländer mit ihren Hauptsorten und Geschmacksrichtungen auseinanderzuhalten, ist man bereits auf dem besten Wege zum Kenner. Aromatisierte, Rauch- und Röst-Tees sind wieder eine Sache für sich, man kann ja nicht alles auf einmal beurteilen und muss es auch nicht. Mithilfe der freundlichen Helfer im Mei Leaf findet man recht schnell seine eigenen Vorlieben heraus und probiert dann weiter.

Lockere Atmosphäre und modernes Ambiente

Wer den Laden betritt, sollte erst einmal alles vergessen, was er bisher über Tee gehört und gesehen hat. Mei Leaf hat nichts zu tun mit leicht angestaubter Teezeremonie, erstarrten Ritualen und protziger Wichtigtuerei. Hier geht es um lebendige, frische, unkomplizierte Teekultur, basierend auf Wissen und Erfahrung, die keinen erhobenen Zeigefinger braucht, um zu überzeugen. Das gesamte Ambiente ist ausgerichtet auf ein besonderes Wohlgefühl und hat nichts mit Snobismus gemein. Hier rümpft keiner die Nase, wenn man sich noch nicht auskennt, sondern man wird sorgsam und mit Bedacht zu seiner persönlichen Geschmacksnote begleitet und entsprechend vorurteilsfrei beraten. Mit verschiedenen Proben der Geschmacks- und Duftkomponenten lernt man nach dem Ausschlussprinzip seine bevorzugte Teerichtung kennen, denn ob lieber Pfirsich-Pflaumen-Kompott oder frisch geschnittenes Gras im Sommerregen, das kann jede/jeder selbst entscheiden. Und wenn man dann noch verinnerlicht, dass nach Heraklit alles im Leben in Bewegung ist, man nicht in denselben Fluss zweimal steigen kann und die einzige Konstante der Wandel ist, wird man auch mit den eigenen Geschmacksnerven nachsichtig sein, die einem an einem Tag den »Alishan Jin Xuan« und am nächsten einen »Amber Gaba Oolong« als den Gipfel der Teekultur empfehlen.

SONNENBAD AM PRIMROSE HILL

Primrose Hill bezeichnet einen 80 Meter hohen Hügel nördlich des Regent's Park, von dem aus man eine wunderbare Aussicht auf Londons Skyline hat. Hier versammeln sich am Wochenende die Sonnenanbeter und genießen das wunderbare Panorama. Primrose Hill ist gleichzeitig aber auch der Name für einen Teil des Londoner Stadtviertels Camden. Mit seinen eleganten Wohnhäusern aus viktorianischer Zeit und seinen wohlhabenden Bewohnern bildet es einen Kontrast zu dem eher schrill-bunten Camden. Wer also an einem sonnigen Vormittag eine Bootsfahrt auf dem Regent's Canal unternehmen oder beim Picknick auf dem Primrose Hill die Aussicht auf London genießen will, tut gut daran, sich frühzeitig um einen Platz zu kümmern und erst am Abend seinen Jogginglauf zu absolvieren. Die zweite ideale Besuchszeit? Zum romantischen Sonnenuntergang.

WEITERE INFORMATIONEN

Mei Leaf Teahouse, 99 Camden High Street, London NW1 7JN, Tel. 0044/20/73886704, Mo–Sa 10–19, So 10–18 Uhr, https://meileaf.com
Primrose Hill, The Regent's Park Office, The Stone Yard, Inner Circle, London NW1 4NR, Tel. 0044/300/0612300, www.royalparks.org.uk

Vom Primrose Hill aus hat man einen wunderbaren Blick auf die Londoner Skyline.

15

PICCADILLY – HONIG FRISCH VOM KAUFHAUS

BIENENVÖLKER AUF DEM DACH

Die Gefährdung der Bienenvölker durch Umweltzerstörung findet zum Glück immer größere Beachtung. So entstehen bemerkenswerte und vielfältige Initiativen, um Bienen zu schützen und ihnen einen Lebensraum zu geben, an den sie sich anpassen können. Dazu gehören sogar ungewöhnliche Standorte in Innenstädten, wie in London.

Honig ist eines der ältesten Nahrungsmittel der Menschheit. Es gibt 9000 Jahre alte steinzeitliche Höhlenmalereien, die unsere Vorfahren beim Honigsammeln zeigen. Der Honig der Wildbienen wurde als Süßungsmittel genutzt, aber auch als Jagdköder eingesetzt. Wahrscheinlich ist die Honignutzung sogar noch viel älter, denn australische Felsmalereien deuten darauf hin, dass schon die Aborigines Buschhonig von Wildbienen sammelten. Die Hausbienenhaltung begann wahrscheinlich im 7. Jahrhundert v. Chr. in Anatolien, im alten Ägypten galt Honig als »Speise der Götter« und als ein Mittel, um Unsterblichkeit zu erlangen. Wenn man nun Bienen- oder Naturhonig hört, denkt man automatisch an das Leben auf dem Land. Wer jetzt glaubt, die Bienen fänden auf dem Land paradiesische Zustände, hat sich gehörig getäuscht. Die industrielle Landwirtschaft mit ihren Monokulturen, ihrem Pestizid-Einsatz und der auf Ertragsoptimierung ausgerichteten Pflanzenzucht macht den Bienen das Leben schwer. Seit Beginn unseres Jahrtausends leben zum ersten Mal in der Geschichte der Menschheit mehr Menschen in Städten als auf dem Land, Landflucht ist in vielen Regionen ein anhaltendes Phänomen. Und man glaubt es kaum, aber auch Bienenvölker begeben sich in die Städte, wenn ihre Lebensqualität und die Vielfalt des Blütenangebots auf dem Lande beständig abnehmen.

In einer Welt voll Genuss

Erfreulicherweise haben das auch einige Unternehmen erkannt, die den Bienen in innerstädtischen Toplagen Wohnraum zur Verfügung stellen, anstatt

noch ein weiteres Luxus-Loft zu schwindelerregenden Preisen zu vermieten. Die Bienen auf dem Dach bringen zwar unmittelbar keine Devisen, sind aber gut für das grüne Image und bezahlen darüber hinaus mit Naturalien, die man vermarkten kann. Das alteingesessene und angesehene Londoner Kaufhaus Fortnum & Mason, bereits 1707 am Piccadilly Circus gegründet, bietet seinen Kunden nicht nur Lebens- und Genussmittel von ausgesuchter Qualität, sondern vermittelt auch ein angenehmes Einkaufserlebnis. Hier bekommt man das Gefühl vermittelt, ein Gast zu sein und nicht nur ein wandelnder Geldbeutel. Mit Sorgfalt und Einfühlungsvermögen kümmern sich die Angestellten von Fortnum & Mason um jeden Wunsch und versuchen, das passende Produkt zu finden. Servicementalität ist hier nicht nur ein Schlagwort.

Ein Delikatessengeschäft ohne süße Verführungen ist kaum vorstellbar. Fortnum & Mason engagiert sich auch für den Schutz der Bienen und produziert dabei einen sehr begehrten Honig.

Design-Bienenhäuser in Toplage

Zu den vielen unwiderstehlichen Köstlichkeiten gesellt sich jetzt auch ein echter Fortnum-&-Mason-Honig dazu. Bereits seit 2008 hat das Unternehmen mehreren Bienenvölkern auf dem Dach seines Hauptgeschäfts in Piccadilly ein neues Zuhause gegeben. Natürlich sind die fünf Bienenhäuser im eleganten farblichen Look der Corporate Identity der Firma gehalten, nahezu doppelt so groß wie herkömmliche Gehäuse und dazu noch in verschiedenen architektonischen Stilen gestaltet. Die Bienen scheinen sich auch in den verzierten Pagoden wohlzufühlen und wissen die Toplage in London zu schätzen. Steven Benbow kümmert sich als Bienen-Meister aufmerksam und liebevoll um die Fortnum-&-Mason-Bienenvölker, erntet im September den begehrten Honig, der so beliebt ist, dass es manchmal dafür sogar Kunden-Wartelisten gibt. Das Glücksgefühl, Fortnum & Mason zu besuchen, stellt sich aber mit und ohne Honig ein.

NATURPARK MIT ERHOLUNGSFAKTOR

Ein Naturpark, der einer kleinen Wildnis nahekommt, und das mitten in der Großstadt: Der Camley Street Natural Park an den Ufern des Regent's Canal ist ein wunderbares Refugium für Menschen, Pflanzen und Tiere. Auf einer Fläche von knapp einem Hektar ist seit 1984 auf einer ehemaligen Kohlehalde ein Naturpark entstanden, der Lebensraum für viele Vogelarten, Amphibien, Insekten und Schmetterlinge wurde. Und das nur einen Steinwurf vom neuen Bahnhof St Pancras und den Eurostar-Zügen entfernt! Teiche, Wiesen, sogar kleine Waldareale gehören zu den Habitaten, die man durchstreifen kann. Rohrammer, Eisvogel und Fledermaus sind hier genauso zu Hause wie Stockenten, Rohrsänger, Schildkröten, Bienen und Libellen. Ein neues Naturpark-Besucherzentrum wurde im Frühjahr 2020 eröffnet.

WEITERE INFORMATIONEN

Fortnum & Mason, 181 Piccadilly, London W1A 1ER, Tel. 0044/20/77348040, Mo–Sa 10–20 Uhr, So 11.30–18 Uhr, www.fortnumandmason.com
Camley Street Natural Park, 12 Camley Street, London N1C 4PW, Tel. 0044/20/38976150, www.wildlondon.org.uk/nature-reserves/camley-street-natural-park

16

CROUCH END – BLUES UND MEHR IN DER THEATERBAR

SPIEL UND SPASS IM »MOORS«

Wer einmal dem Trubel der Londoner Innenstadt entfliehen will, begibt sich in den Norden der Stadt nach Crouch End. Zum Abhängen, Performen und Spaßhaben eignet sich eine Bar, die sich in den vergangenen Jahren einen guten Ruf erworben hat, was in London gar nicht so leicht ist. Eine Art Geheimtipp ist sie trotzdem geblieben.

Es gibt Menschen, die lassen sich gern überraschen, wenn es darum geht, einen neuen Pub, eine Bar oder ein neues Theater zu entdecken. Mehr oder weniger zufällig findet man etwas und spaziert hinein. Manchmal auch geradewegs wieder hinaus, weil das Bier zu warm und der Laden zu muffig ist. Das haben Überraschungen nun mal so an sich, man ist begeistert oder enttäuscht. Wer zu jenen zählt, die dem Zufall nicht so viel Spielraum in ihrem Leben gönnen, greift zu einem Freizeitführer, schaut auf die entsprechenden Internetseiten – und ist trotzdem nicht vor Enttäuschungen sicher. Das beste Urteil ist eben immer noch das eigene, »Likes« hin oder her. In London hat man natürlich eine unendliche Auswahl an diesen Veranstaltungs- und Genussorten. Von den bekannten Theaterstätten und traditionellen Pubs bis zur alternativen Szene kann man ein halbes Leben lang jeden Abend durchprobieren, testen, zuhören und mitmachen. Und wenn man dann glaubt, so ziemlich alles gesehen zu haben, fängt man wieder von vorne an, weil gerade die Besitzer in jener Eventlocation gewechselt haben, die man vor drei Monaten noch für gut befunden hat. Und dann sind da noch die Empfehlungen von Freunden und Verwandten, die es abzuarbeiten gilt, man will ja schließlich mitreden können.

Blues Band Jam

Wer nicht nur mitreden, sondern auch einen angenehmen Abend abseits der City verbringen will,

Zeitlos: Blues-Bars scheinen ein wenig aus der Mode gekommen zu sein, aber nicht so in North London. Im Moors wird der Blues gefeiert wie eh und je. In der St Pancras Old Church (unten) kann man beten, dass es so bleibt.

macht sich mit der Great Northern auf den Weg in den Norden Londons nach Crouch End, steigt in Hornsey aus, spaziert in Richtung Priory Park und Crouch End Playing Fields und erreicht nach rund einem Kilometer das Wunschziel seiner Party-Träume: Moors Bar. Dieser Ort ist nicht nur eine Bar, ein Pub und ein Veranstaltungsort für kleinere Theaterproduktionen, sondern auch eine Bühne für Livemusik und fetzige Jam-Sessions. Ein beliebter Klassiker im Moors ist der »Blues Jam« jeden Donnerstagabend. Hier spielt die »Moors Bar Blues Band« bei freiem Eintritt auf, und jeder kann mitspielen, der ein Instrument dabeihat, dem der Blues durch die Adern fließt oder dessen Stimme melancholisch-schön vom Blues des Lebens erzählen kann. Auch stilistisch legt man sich nicht so streng fest, Funk- und Soul-Interpreten werden ebenfalls gern gesehen. Bis Mitternacht geht dann die Post ab, und wer danach noch nicht genug hat, kann bis zwei Uhr morgens seine Stimme ölen.

Theater zu mieten

Nicht nur das gesungene, sondern auch das gesprochene Wort hat in der Moors Bar seinen Platz. Der künstlerische Leiter Andy James und sein Kreativdirektor Seth Jones bringen kleine Produktionen von der Komödie bis zur Tragödie auf die Bühne, die für Abwechslung sorgen und manchen Schauspieltalenten erste Bühnenerfahrung verschaffen. Die 40 Sitze sind meistens ausgebucht, denn die Performance wird natürlich per Flyer, E-Mails und auf der Moors-Bar-Webseite beworben. Wer also für eine moderate Gebühr seinem Freundeskreis zum runden Geburtstag einmal sein neuestes Stück vorführen oder die Angebetete mit einem romantischen Liebesdialog überzeugen will, kann die Bühne anmieten. Und wer weiß, wer gerade sonst noch an diesem Abend im Moors abhängt – manche Karrieren haben auf kleinen Bühnen begonnen.

EIN ENGELHAFTER ORT

Nur einen Katzensprung von den beiden Bahnhöfen King's Cross und St Pancras International entfernt, bieten die St Pancras Old Church und die sich anschließenden St Pancras Gardens eine wahre Oase im geschäftigen Norden Londons. Auch ein kleiner Spaziergang über den Friedhof lohnt sich. Alle Beatles-Fans kennen den Ort wahrscheinlich. Am 28. Juli 1968 leistete die St Pancras Old Church ihren Beitrag zur Rock-'n'-Roll-Geschichte. Es war die Zeit, in der die Band gerade *The White Album* einspielte und noch Aufnahmen für das »Life«-Magazin und weitere Shootings in London machte. Auch die Gärten um die St Pancras Old Church gehörten zu den ausgewählten Plätzen. Ein Motiv zeigt die Band im Portal der Kirche stehend, davor John Lennon, der wie ein Engel in den Himmel schaut.

WEITERE INFORMATIONEN

Moors Bar, 57 Park Road, London N8 8SY, Tel. 0044/20/83414161, So–Mi 20–1, Do 20–2, Fr, Sa 21–3 Uhr, www.moorsbar.com

St Pancras Old Church and Gardens, Pancras Road, Camden Town, London NW1 1UL, Tel. 0044/20/74240724, https://stpancrasoldchurch.posp.co.uk

17

MAYFAIR – DIE DEZENTE WELT DER AUKTIONSHÄUSER

STAUNEN ÜBER KAUFBARE KUNST

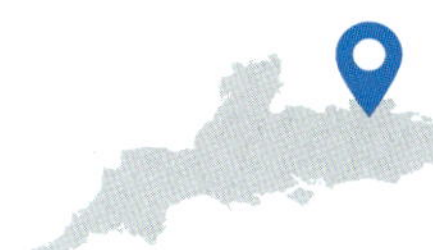

Man muss kein Millionär sein, um in London große Kunst genießen zu können. Die bedeutenden Museen sind entweder kostenlos oder verlangen für außergewöhnliche Sonderausstellungen einen geringen Eintritt. Man kann aber auch Kunstwerke bewundern und sie sogar kaufen, wenn man die Welt der Auktionshäuser erkundet.

Wer das Außergewöhnliche sucht, muss zunächst einmal das Gängige verstehen, das gilt auch in der Kulturszene. Londons Kunst- und Kulturschätze sind *so-hip-it-hurts,* um einen Begriff aus der Mode- und Musikwelt zu bemühen. Eine passende Beschreibung, denn um alles zu sehen, was es wert ist, gesehen zu werden, bräuchte man wohl einige Jahrzehnte seines Lebens. So verlässt der Besucher London meistens mit dem »Eigentlich-hätte-ich-gerne-noch«-Gefühl. Das ist auch ein Grund für den Besucherboom, denn fast alle kommen wieder, weil sie beim nächsten Mal unbedingt das Charles Dickens Museum sehen, ein Konzert der Friendly Fires in der Brixton Academy erleben oder die Dinosaurier im Natural History Museum betrachten wollen, die sie beim ersten Besuch verpasst haben. Vom Victoria and Albert Museum und der National Portrait Gallery ganz zu schweigen.

Kunstschätze im Überfluss

Selbst an Malerei weniger interessierte Zeitgenossen haben schon einmal den Namen Tate Gallery gehört. Davon gibt es gleich vier, neben der Tate in Liverpool und jener in St Ives im schönen Cornwall tragen zwei Galerien in London das Tate-Label. Das Original Tate Britain, bereits 1897 eröffnet,

Kunstvolles: London ist eine Kunst- und Kulturmetropole von höchster Güte. Ob große Ausstellung oder museales Kleinod, vieles kann man kostenlos genießen. So lohnt sich auch ein Besuch der berühmten Auktionshäuser Bonhams, Christie's und Sotheby's.

steht an der Millbank-Promenade an der Themse und ist benannt nach seinem Gründer Sir Henry Tate. Heute bekommt man hier eine großartige Gesamtschau britischer Kunst der letzten 500 Jahre mit Werken von Blake, Constable, Gainsborough, Hogarth, Reynolds und Turner.

Im Jahr 2001 wurde dann die Tate Modern am Südufer der Themse in einem ehemaligen Elektrizitätswerk eröffnet, eines der bedeutendsten Museen moderner Kunst. Imposant sind nicht nur die Werke von Bacon bis Warhol, auch die Haupthalle mit 160 Metern Länge und 30 Metern Höhe macht sprachlos. Ein Tempel der Moderne, wie es keinen zweiten gibt.

Unverwechselbar ist zudem das British Museum, das mit seinem glasüberdachten Innenhof jährlich sechs Millionen Besucher anzieht. Die archäologischen, ethnologischen, griechischen, römischen und ägyptischen Sammlungen bilden zusammen das kulturhistorisch bedeutendste Museum Großbritanniens. Die logische Fortsetzung davon ist die nationale Gemäldegalerie am Trafalgar Square, die alles versammelt, was Rang und Namen hat: Bosch, Constable, Cézanne, Dürer, Friedrich, Goya, da Vinci, Michelangelo, Raffael, Rembrandt, Renoir und wie sie alle heißen, die National Gallery gehört zu einem London-Besuch einfach dazu.

Kulturgenuss mit Shakespeare

Auch wenn der Name vielleicht mehr verspricht, als er halten kann, »The Strand« ist noch immer eine wichtige Lebensader Londons. Die aristokratischen Häuser sind allerdings von Bürogebäuden etwas in den Hintergrund gedrängt worden. Im Somerset House, einem beeindruckenden Stadtpalast, und in der Courtauld Gallery scheint der Glanz dieser Prachtstraße aus früheren Tagen noch hervor. Das gilt auch für das berühmte Shakespeare's Globe Theatre am Südufer der Themse in Southwark. Hier wird Authentizität gelebt, finden die Vorstellungen bei Tageslicht unter freiem Himmel für 1500 Zuschauer ohne viel Bühnenbild statt. Das 1599 errichtete Haus brannte 1613 völlig nieder, ironischerweise während der Aufführung von *Heinrich VIII.*, es geriet dann ab 1642 in Vergessenheit, als die Puritaner

Der Bentley-Rennwagen »Mother Gun« stellte im Jahr 1992 einen 1000-Meilen-Rekord auf. Auch solch seltene Stücke der Rennsportgeschichte gibt es gelegentlich bei Bonhams in London zu ersteigern.

alle Theater schlossen. Erst nach Jahren der Restaurierung und der Rekonstruktion durch den amerikanischen Schauspieler Sam Wanamaker konnte es 1997 wiedereröffnet werden. In jenem Jahr wurde Paul McCartney von Königin Elisabeth II. im Buckingham Palace zum Ritter geschlagen, noch heute ist es Pflicht für alle Beatles-Fans, zumindest einmal den Zebrastreifen der Abbey Road westlich vom Regent's Park überquert zu haben.
London ist also eine Kulturmetropole höchsten Ranges, nicht nur in den Stadtteilen West End, Covent Garden oder Shoreditch. Wo findet man nun aber große Kunst abseits der glanzvollen Museen, Theater und Kulturpaläste?

Kommen und wundern

Mancher macht um sie einen Bogen: zu teuer, zu abgehoben, zu versnobt, zu viele Reiche und Schöne, die mit Normalsterblichen nichts zu tun haben wollen. Alles falsch. Kunst-Auktionshäuser wirken nach außen zwar wie eine in sich geschlossene Welt, doch das sind sie keineswegs. Natürlich ist der neue Stammsitz des Hauses Bonhams in der New Bond Street auch architektonisch von höchster Eleganz geprägt, und zur Eröffnung kam kein Geringerer als Boris Johnson, der damals noch Bürgermeister von London war. Aber man kann ohne Scheu hingehen, sich umsehen, staunen über großartige Gemälde oder bevorstehende Auktionen und Kunstwerke aller Couleur. Und es geht nicht nur um hehre Kunst, zudem japanische Whiskeys, australischer Schmuck oder gleich das gesamte Mobiliar eines alten Herrenhauses kommen unter den Hammer.
Natürlich kann man – nach einer entsprechenden Registrierung – auch an den Auktionen teilnehmen und sogar das ein oder andere Stück erstehen. Auf der Website wird man Schritt für Schritt über das Prozedere informiert. Einen Kaufzwang gibt es aber auch hier nicht, und man wird von dem freundlichen Personal keineswegs taxiert, welche Kreditkarte man bei sich trägt. Bonhams, im Jahre 1793 gegründet, ist heute das drittgrößte Kunstauktionshaus neben Sotheby's und Christie's. Seine Abteilungen für Schmuck, asiatische Kunst, Gemälde und klassische Oldtimer-Automobile sind führend in Europa. Also nichts wie hin, große Kunst für jedermann wartet darauf, entdeckt zu werden.

GENUSSPARADIES IN SOHO
Das L'Escargot ist nicht nur das älteste französische Restaurant in London, das Lokal genießt auch einen weit über die Stadtgrenzen hinaus reichenden Ruf unter Genussmenschen. Das Team um Küchenchef James Tyrrell verwöhnt seine Gäste auf außergewöhnliche Weise, wobei nicht nur die Menüs alle kulinarischen Vorlieben abdecken, sondern auch ein freundliches und kompetentes Servicepersonal für eine Wohlfühlatmosphäre sorgt, die man hier und da in den Gourmettempeln der Welt zugunsten einer vornehm-unterkühlten Ansprache meint austauschen zu müssen. Bereits 1896 eröffnete M. Georges Gaudin in Soho ein Restaurant, 1927 dann in der Greek Street. Von Coco Chanel über Shirley Bassey bis Elton John – prominente Besucher stehen auf der Gästeliste. Mit französischen Spezialitäten gelingt der Spagat zwischen traditioneller und experimenteller Kochkunst auf beeindruckende Art und Weise.

WEITERE INFORMATIONEN
Bonhams, 101 New Bond Street, Mayfair, London W1S 1SR, Tel. 0044/20/74 47 74 47, Mo–Fr 9–17 Uhr, www.bonhams.com
L'Escargot, 48 Greek Street, Soho, London W1D 4EF, Tel. 0044/20/74 39 74 74, Di–Sa 12–22.30 Uhr, So 12–17 Uhr, www.lescargot.co.uk

18

SOUTHWARK UND WANDSWORTH – FÜR MODEFANS

LEIDENSCHAFT FÜR NADEL UND FADEN

In London gibt es eine faszinierende Vielfalt an Museen, die jeden Aspekt von Kunst, Kultur und Alltagsleben abdecken. Zu jenen, die nicht im Rampenlicht stehen, gehören das Textil- und das Nähmaschinen-Museum, zwei wahre Schatzkammern im Süden der Stadt, spannend nicht nur für Näherinnen und Schneider.

Es ist müßig, darüber zu streiten, welcher Metropole der Titel Modehauptstadt der Welt gebührt – Mailand, Madrid, Melbourne oder immer noch Paris? Auch London gehört zweifellos dazu, wenn es um Kreativität in der Modebranche und ausgefallene Muster und Stoffe geht.

Stilikone Zandra Rhodes

Die britische Modedesignerin Zandra Rhodes, die sich bereits mit ihren auffälligen grünen, pinken und roten Frisuren zur Marke stilisierte, gehörte zu jenen Kreativen der 1970er-Jahre, die London an die Spitze der internationalen Modeszene katapultierten. Ihre frühen Kollektionen waren so extrovertiert, dramatisch und glamourös, wie es ihre Schmuck- und Make-up-Stile damals waren. Dennoch wurden ihre Kreationen immer als besonders klar und kreativ beschrieben und auf ihre eigene Art von besonderer Anmut geprägt. Unbestritten bleibt, dass sie wie Vivienne Westwood nicht nur mit Punk-Mode Geschichte geschrieben hat. Ihre extravaganten Muster, mutigen Schnitte und ihr unerschöpflich erscheinender Einfallsreichtum, wenn es um den perfekten Einsatz verschiedener Stoffe geht, machten sie immer wieder zur Trendsetterin und strahlenden Ikone des Modebusiness.
Dabei hatte sie es keineswegs leicht, wurden ihre ersten Arbeiten doch als zu extravagant abgetan. Später ließen sich Lady Diana und Freddie Mercury von ihr einkleiden, auch große Opernhäuser engagierten sie, um Kostüme zu entwerfen. Im Jahr

2014 erhielt sie die Auszeichnung »Dame Commander of the Order of the British Empire« für ihre Verdienste um die britische Mode- und Textilindustrie. Sie gründete das 2003 eröffnete Mode- und Textilmuseum in London in der Bermondsey Street, dessen Besuch sich selbst für Modemuffel lohnt. Es ist nicht nur ein Ausstellungshaus, das schon äußerlich mit seinen mexikanisch und kubanisch anmutenden kräftigen Farben aus dem Rahmen fällt, sondern auch ein Zentrum für zeitgemäße Mode, Textilien und Schmuckdesign mit Seminaren, Workshops und ständig wechselnden Ausstellungen. 3000 persönliche Kleidungsstücke hat Zandra Rhodes dem Haus überlassen.

Stiche, Stoffe und Maschinen

Doch wie wurden und werden all diese wundervollen Kleidungsstücke hergestellt? Auch jene Menschen, denen Nadel und Faden eher ein Dorn im Finger sind, sollten einen Blick ins London Sewing Machine Museum werfen. Dort findet man eine faszinierende Auswahl an Nähmaschinen und Gebrauchsgegenständen aus der Welt der Näherinnen und Schneider, die nicht nur von der technischen Seite her die interessante Entwicklung der Maschinen aufzeigt, sondern auch Geräte, die eine große Bedeutung durch ihre Besitzer bekamen. So sieht man zum Beispiel die Nähmaschine, die Queen Victoria ihrer ältesten Tochter als Hochzeitsgeschenk vermachte. Unter den über 600 Maschinen, die hier ausgestellt sind, befindet sich ebenso eine, die der Mutter von Charlie Chaplin gehörte. Das Museum liegt im ersten Stock des Gebäudes in der Balham High Road, man muss allerdings den ersten Freitag im Monat für einen Besuch erwischen oder aber eine Gruppe von 15 Personen zusammentrommeln, dann kann man es auch außerhalb der Öffnungszeit kostenlos besuchen. Ein Ausflug in Londons Süden, der sich auf jeden Fall lohnt.

Das Nähmaschinen-Museum zeigt, welche filigranen Fertigkeiten notwendig sind, um textile Kostbarkeiten entstehen zu lassen.

ERFRISCHUNG IM GRÜNEN SÜDEN

Der Südwesten Londons, bei Tooting und Streatham, ist eine besonders grüne Gegend mit vielen Parks und Freiflächen, die zum Picknick einladen. Hinter einem mit Büschen und Bäumen dicht bewachsenen Erdwall lädt das Tooting Bec Lido zum Schwimmen ein. Nicht irgendein Freibad, sondern eines der ältesten Bäder Englands: Seit 1906 kann man sich hier in dem kühlen Pool, der stolze 91 Meter Länge aufweist, erfrischen und etwas für die Fitness tun. Mitgliedern des ehrwürdigen South London Swimming Clubs ist es sogar gestattet, in den Wintermonaten dort ihre Bahnen zu ziehen. Das flächenmäßig größte Freibad Englands hat aber noch eine weitere Attraktion: Die in leuchtendem Gelb, Blau, Rot und Grün gestrichenen Umkleidekabinen bilden einen schönen Kontrast zum Türkisblau des Pools.

WEITERE INFORMATIONEN

Fashion and Textile Museum, 83 Bermondsey St, London SE1 3XF, Tel. 0044/20 74 07 86 64, Di-Sa 11-18 Uhr, https://fashiontextilemuseum.org
Sewing Machine Museum, 308 Balham High Road, London SW17 7AA,
Tel. 0044/20/87 67 00 36, Mo-Do 9-17.15, Fr 9-16.45, Sa 10-16.45, www.craftysewer.com
Tooting Bec Lido, Tooting Bec Road, Tooting, London SW16 1RU, Tel. 0044/20/88 71 71 98, April-Sept. 6-22 Uhr, www.slsc.org.uk

HAMPSHIRE, BERKSHIRE, WILTSHIRE, ISLE OF WIGHT

Abwechslungsreichtum in Südenglands Mitte

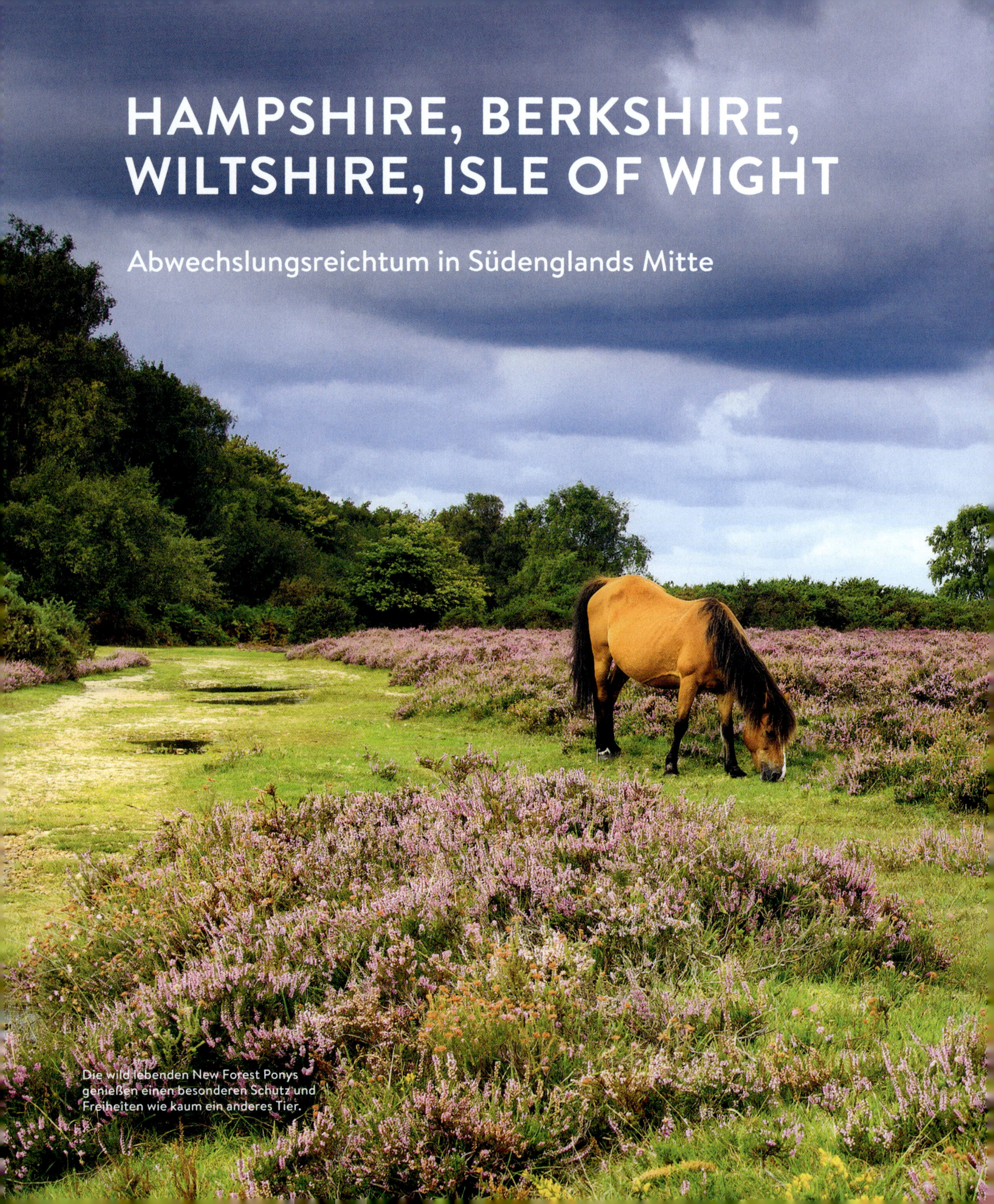

Die wild lebenden New Forest Ponys genießen einen besonderen Schutz und Freiheiten wie kaum ein anderes Tier.

GRIFFIN BREWERY
FULLER'S
THE
BAT & BALL
HOME OF
ENGLISH CRICKET

HAMBLEDON – DIE HEIMAT DES CRICKET

SPORTLEIDENSCHAFT IM BLUT

Briten lieben Sport, da macht die Grafschaft Hampshire keine Ausnahme. Als Tennismekka gilt Wimbledon, die Pferderennwochen in Ascot sind ein gesellschaftlicher Pflichttermin, und zum Rugby geht man ins Millennium Stadium nach Cardiff. Doch wer die Leidenschaft für Cricket verstehen will, reist nach Hambledon.

Zu den Cricket-Länderspielen gegen Indien oder Südafrika pilgert man ins Stadion The Oval Cricket Ground in London. Eishockey gefällig? Auch das ist kein Problem, in der Odyssey Arena am Queens Quay in Belfast flitzen die Giants übers Eis. Sport spielt in England als gesellschaftliches Ereignis, aber auch als *big business* eine wichtige Rolle.

Wetten als Leidenschaft

Die moderne Sportkultur und ihre Ausprägung in Form von Sportvereinen als Wirtschaftsunternehmen ist zwar ein globales Phänomen geworden, aber schon in der Mitte des 19. Jahrhunderts entwickelten sich in Großbritannien die ersten Regelwerke und ein Vereins- und Verbandswesen, das bis heute starke regionalpatriotische Züge trägt. So gibt es noch immer vier britische Fußball-Nationalteams, weil ein Waliser eben für Wales und nicht für das englische Team spielt. Alle vier Nationalverbände sind natürlich in die Weltfußball-Dachorganisation FIFA integriert und können so an Welt- und Europameisterschaften teilnehmen. Ein System, das auch für andere Sportarten gilt.
Ein weiteres tragendes Element britischer Sportbegeisterung ist die Wettleidenschaft, die sich keineswegs auf das Fußballspiel allein bezieht. Richtig stolz sind die Briten, als »Mutterland des Fußballs« in die Geschichte eingegangen zu sein,

Historisch: Ein ländlicher, gemütlicher Pub in Hambledon gilt als die Wiege des englischen Cricket-Sports.

doch auch für andere Sportarten wie Badminton, Cricket, Golf, Tennis und Tischtennis können sie die Urheberschaft beanspruchen. Große Tradition haben außerdem Leichtathletik, Rudern, Rugby, Pferderennen, Boxen und Bowls. Heutzutage sind populäre Spiele wie Darts oder Snooker, eine Art Pool-Billard, hinzugekommen, die vornehmlich in Kneipen gespielt werden.
Und damit nicht genug: Quoits, ein Wurfspiel mit Eisenringen, trifft man vor allem in Wales an, während die schottischen Highland Games mit Baumstammwerfen und Felsbrockenschmeißen das ganze Land in Trance versetzen. Selbst so skurrile »Sportarten« wie Käse-Rollen gehören dazu, denn auch hierauf kann man vorzüglich wetten. Die Familie von Diana Smart besitzt seit Jahrzehnten das Recht, auf der Old Ley Court Birdwood Farm bei Churcham jenen echten Double-Gloucester-Käse herzustellen, der für den alljährlichen Cheese-Rolling-Event in Coopers Hill gebraucht wird. Selbst ein 2000-Seelen-Dorf wie Chipping Campden besitzt eine eigene Olympiade. Jedes Jahr im Mai strömen Tausende herbei, um Robert Dover's Cotswold Olimpick Games mitzuerleben, wahrhaft königliche Spiele, die 14 Monarchien überdauert haben. Indes braucht Großbritannien neue Helden für die nächsten Olympischen Spiele und Weltmeisterschaften. Ein breit angelegtes Förder- und Sichtungsprogramm wurde gestartet, um die zukünftigen Olympiasieger heranzuziehen. Es werden sich einige finden, wetten?

Fairness im Wettkampf

Der Ball rollt ins Aus, der Linienrichter winkt zur Themse. Doch der Einwurf erfolgt in die andere Richtung, weil ein am Zweikampf beteiligter Spieler den Referee korrigiert: Sorry, ich war zuletzt am Ball. Solch eine Szene ist selbst in der bedeutendsten Profifußball-Liga der Welt, der englischen Premier League, durchaus keine Seltenheit. Auch in brisanten Londoner Derbys, wenn etwa Tottenham Hotspur gegen den FC Arsenal antritt oder der FC Chelsea auf West Ham United trifft, gibt es heute noch ein Grundmaß an Fairness, eine Eigenschaft, die den englischen Sport auszeichnet und die Massen anzieht.
Neben den durchweg ausverkauften Spielen füllen lukrative Vermarktungs- und Fernsehverträge mit weltweiter Vergabe der TV- und Merchandisingrechte die Vereinskassen. Die zunehmende Kom-

Sportlich: Im Bat & Ball Pub hängt so manches Erinnerungsfoto an der Wand, doch auch heute noch werden auf einem Gelände in der Nähe (rechts oben) Cricket-Spiele ausgetragen.

merzialisierung und die sich immer stärker ausweitende Übernahme selbst der traditionsreichen Clubs durch russische Ölmilliardäre und amerikanische oder asiatische Großinvestoren schreckt indessen viele Fans auf, Verdächtigungen wie Wett- und Spielmanipulationen und an Spielertransfers finanziell beteiligte Manager werden häufiger. Dennoch: Die Kassen der boomenden Vereine Englands mit ihren Millionenetats üben große Anziehungskraft auf Profisportler aus.

Geburtsort des Cricket

Eine ganz besondere Sportart, die vielen Engländern Tränen des Glücks in die Augen treibt, ist Cricket. Selbst wer sich in etlichen Mannschaftssportarten auskennt, wird Monate, manchmal Jahre brauchen, um Regeln und Taktik dieses Spiels völlig zu verstehen. Machen Sie sich also nichts daraus, Sie werden die Gewinnermannschaft am Ende erkennen, brauchen aber Geduld, denn so ein Match kann schon mal ein paar Tage dauern. Das Schlagballspiel in seiner ursprünglichen Form geht bis ins 13. Jahrhundert zurück. Im Jahr 1750 wurde der Hambledon Cricket Club gegründet, der schnell zum einflussreichsten Verein des Landes aufstieg und sich den Ruf als die »Wiege des Cricket« erwarb. Noch heute spielen die Hambledon Teams wie seit 1780 auf der idyllischen Ridge Meadow. Die Regeln des Spiels wurden auf dem Broadhalfpenny-Down-Spielfeld in Hambledon durch den Verein unter Führung von Richard Nyren formuliert und schriftlich festgehalten. Der damalige Wirt des Bat & Ball war eine Cricket-Persönlichkeit erster Güte, der mit seinem Team insgesamt 51-mal gegen das All England Team antrat und dabei 29-mal gewann. Urkunden, Fotografien, Schläger, Bälle und weitere Memorabilia hängen noch heute in dem wundervollen Pub, der eine solch authentische Ausstrahlung besitzt, dass man schnell die Kompliziertheit der Regeln für Bowler, Batsman und Feldspieler, Test Cricket, One-Day International und Twenty20 Cricket vergisst. Dafür ist Cricket wohl die einzige Sportart mit offiziellen Mittags- und Teepausen. Nicht übel, gibt es doch Zeit, im Bat & Ball seinen Hunger und Durst zu stillen.

WEINGUT MIT ZUKUNFT

Von Tradition kann hier noch keine Rede sein, oder doch? Man muss kein Prophet sein, um diesem Weingut eine erfolgreiche Zukunft voraussagen zu können. Am 9. Juli 2013 eröffnete HRH Camilla Rosemary The Dutchess of Cornwall das Hambledon-Weingut. Eine Neueröffnung eigentlich, denn die ersten Trauben wurden hier bereits auf Initiative von Major General Sir Guy Salisbury-Jones 1952 geerntet. In den 1990er-Jahren spielte die Traubenproduktion aber keine große Rolle mehr, bis Ian Kellett 1999 das Gut übernahm und es zu seiner heutigen Größe von rund 80 Hektar ausbaute. Hergestellt werden drei englische Perlweine, der »Hambledon Classic Cuvée« und ein Rosé-Sekt sowie ein »Premier Cuvée«, alle drei großartige Tropfen, die schon internationale Preise gewonnen haben und auch vom Königshaus den Gästen serviert werden.

WEITERE INFORMATIONEN

The Bat & Ball, Hyden Farn Lane, Hambledon, Waterlooville PO8 0UB, Tel. 0044/2392/632692, Mo–Do 11.30–23, Fr, Sa 11.30–23, So 11.30–22.30 Uhr, www.batandballclanfield.co.uk
Hambledon Vineyard, Hambledon, Hampshire PO7 4RY, Tel. 0044/2392/632358, www.hambledonvineyard.co.uk
Übernachtungstipp: The Hipley Cottage, www.thebedandbreakfast.co.uk/en

20

MINSTEAD – IM HERZEN DES NEW FOREST

WILDE MINZE IM ALTEN WALD

Umgeben von dichten Wäldern liegt das kleine Minstead, in dem sich rund 700 Einwohner vor der Welt zu verstecken scheinen. Hier, mitten im New Forest, hat man einen besonders ruhigen Ort gefunden, wäre da nicht ein Grab, das gelegentlich zum Ziel von Literaturliebhabern wird, die Sir Arthur Conan Doyle besuchen.

Es gibt im Englischen einen Begriff, der nur schwer zu übersetzen ist: *Rural* bedeutet weit mehr als »ländlich«. Es beschreibt eine Lebensphilosophie, die zwar auf dem Landleben basiert, was immer das auch ist, aber wenn schon in der Provinz, dann bitte mit Stil und Etikette. Man braucht eine ganze Reihe weiterer Adjektive, um dieses Lebensgefühl zu fassen: charmant und idyllisch, ruhig und dezent, geordnet und gediegen, höflich, naturverbunden und gesund.
Dass die Uhren im New Forest tatsächlich etwas anders ticken, merkt man sehr schnell. Die Entdeckung der Langsamkeit und ursprünglichen Wildnis ist ja modern geworden, eine Reise durch den New Forest in Hampshire ist da als Grundkurs zu empfehlen, sind doch die Heide- und Waldlandschaften Inbegriff des *rural England*. Die Briten selbst schwärmen von dieser Gegend. Wer das »gute alte England« entdecken will, der ist hier im Herzen des New Forest genau richtig.

Alice und Sir Arthur

Neben all der charmanten ländlichen Atmosphäre, die einen Besuch in Lyndhurst und Umgebung so angenehm macht, gibt es zwei Plätze hier und im benachbarten Minstead, die zu einer Art Pilgerorte für an Literatur interessierte Menschen geworden sind. Auf dem Friedhof der St Michael & All Angels Church in Lyndhurst befindet sich das Grab von Alice Pleasance Liddell, die Inspiration war für Lewis Carroll und seinen berühmten Roman *Alice im*

Wunderland. Nach ihrer Hochzeit mit Reginald Hargreaves verbrachte sie ihr Leben hier in Lyndhurst. Auch das verträumte Dorf Minstead, ein paar Kilometer weiter nördlich, bietet neben einsamen Wanderstrecken auf dem All Saints Churchyard eine prominente Ruhestätte: Kein Geringerer als Sir Arthur Ignatius Conan Doyle wurde hier unter einer alten Eiche begraben. Der Ortsname geht auf eine Erwähnung im 11. Jahrhundert im Domesday Book zurück, als ein Ort, an dem es wilde Pfefferminze gibt – vielleicht entdeckt man welche in den umliegenden Wäldern.

Wandern im Waldland

Doch nicht nur für Bücherliebhaber lohnt sich der Weg nach Minstead und Lyndhurst. Selten findet man eine Landschaft, die immer wieder so intensiv drei Leitmotive erkennen lässt: Wasser, Wald und sanft geschwungene Wiesen. Die kleinen Dörfer und historischen Stätten lassen ein in sich geschlossenes Bild einer Region entstehen, die für viele Besucher zum Inbegriff Englands wird und sie veranlasst, immer wiederzukommen. Das liegt nicht nur an dem hier besonders imposanten und intensiven Grün der Wiesen und Wälder, sondern auch an dem Umstand, dass die Nähe zu London es den Erholungsuchenden erlaubt, in weniger als zwei Stunden Autofahrt unberührte Natur zu genießen. Dabei entsteht der Wiederholungseffekt, denn aus Tagesgästen werden häufig Besucher, die beim nächsten Mal für ein ganzes Wochenende kommen und dann beschließen, den folgenden Sommerurlaub hier zu verbringen. Sie kommen zum Wandern, Spazierengehen, zum Radfahren oder einfach, um die Seele baumeln zu lassen. Das Land ist außerdem besonders fruchtbar und reich an Wild, sodass man auch kulinarisch hier nicht zu kurz kommt. So haben die Wildgerichte aus Lyndhurst und Umgebung einen besonders guten Ruf.

MIT DEM TRAKTOR ZU DEN HIRSCHEN

Es gibt viele Möglichkeiten, im New Forest dem Wildlife nachzuspüren. Manchem mag es so wie mit den Elchen gehen: Da sitzt man tagelang in der Morgen- oder Abenddämmerung klappernd vor Kälte auf einem Ansitz oder versteckt im Gebüsch, um einen Hirsch oder wenigsten ein paar Rehe aus der Nähe ungestört zu Gesicht zu bekommen – und hat nur Pech. Entweder steht der Wind ungünstig oder es muss sich herumgesprochen haben unter der Herde: Vorsicht, Mensch auf der Lauer. Wer sichergehen will, auch tatsächlich Hirsche im New Forest gesehen zu haben, ist auf der Sopley Farm richtig. Eine Traktorfahrt führt durch den Burley Park zur Rotwildherde, die sich an die Besucher gewöhnt hat und bereitwillig als Fotomotiv posiert. Manchmal taucht sogar ein Damhirsch auf und reckt sein Schaufelgeweih der Gruppe entgegen. Wer will, kann in einem Wigwam übernachten.

WEITERE INFORMATIONEN

Minstead Village, Lyndhurst, Hampshire SO43, https://minstead.org.uk

The New Forest Deer Safari, Sopley Farm, Christchurch, Dorset BH23 7AZ, Tel. 0044/1425/62451

Unvergänglich: Die Kriminalromane von Sir Arthur Conan Doyle und ihre Verfilmungen haben ihn unsterblich gemacht. Sein Grab auf dem Friedhof in Minstead ist eine Pilgerstätte für Literaturliebhaber geworden.

21

HAMPSHIRE – IM ALTEN WALD

EIN KÖNIGLICHES NATURSCHUTZGEBIET

Nachhaltige Entwicklung steht im New Forest National Park im Mittelpunkt. Der Name täuscht, Englands jüngster Nationalpark wurde zwar erst 2005 ins Leben gerufen, doch neu ist relativ: Stolze 900 Jahre alt ist das idyllische Wald- und Heideland, das schon von Wilhelm dem Eroberer als Jagdrevier genutzt wurde.

Zwischen Bournemouth, Salisbury und Southampton erstreckt sich mit dem New Forest ein Refugium für vielfältige Outdoor-Aktivitäten. Naturliebhaber finden hier alles, was das Herz begehrt. Gemeinsam mit den Farmern und kleinen Gemeinden wie Lyndhurst, Burley und Brockenhurst wurde ein Konzept für ökologischen Tourismus entwickelt, das mehrfach ausgezeichnet wurde. Das 350 Quadratkilometer große Gebiet setzt sich zu einem Drittel aus alten Baumbeständen mit Eichen, Buchen, Birken, Eschen und Nadelbäumen zusammen, ein weiteres Drittel besteht aus Heide- und Grasland, und der Rest entfällt auf Feucht- und Sumpfgebiete. Drei Flüsse mäandern nach Süden: Lymington River, Beaulieu River und der Fluss Avon, der die westliche Grenze bildet.

Wilhelm und die Ponys

Wilhelm der Eroberer erklärte die Region 1079 zum Königlichen Jagdrevier und führte das System der *verderer*, der königlichen Forstmeister und Jagdpfleger, der *agister* als Viehhüter und *commoner* als Pächter ein, das zur Verwaltung des New Forest diente. Noch heute gewährt man den Pächtern das Weiderecht für ihre frei laufenden Ponys, Schafe und Rinder, den Lehmabbau und die biologische Schweinemast mit Eicheln und Bucheckern.

Auch das Recht zum Holzsammeln basiert auf dieser alten Gesetzesgrundlage.

Der New Forest hat zu jeder Jahreszeit seine Reize. Im Frühling glänzt er mit seiner Farbenpracht, dann bereiten auch Jungtiere wie Rehkitze und Lämmer den Besuchern Freude. Im Sommer gibt es zahlreiche Picknickmöglichkeiten und Bootstouren oder Wanderungen durch die zauberhafte Landschaft. Neben Rindern und Eseln trifft man zuweilen auch halb wild lebende New-Forest-Ponys an. Erstmals urkundlich 1041 erwähnt, sind diese vielseitigen Ponys inzwischen nahezu in allen Reitsportdisziplinen vertreten. Der Herbst ist wohl die spektakulärste Saison im Nationalpark. Wenn die Landschaft in rot-goldenem Licht erstrahlt, erfreut man sich an stimmungsvollen Ausflügen per Fahrrad oder zu Pferde. Rund 300 Kilometer ausgeschilderte Wander-, Rad- und Reitwege führen durch einsame Landschaften, entlang bezaubernder Küstenabschnitte, durch alte Wälder und weites Heideland mit unendlich erscheinenden Himmelspanoramen. Und im Winter, wenn die Natur in den Schlaf fällt, ist es ein Genuss, die Stille der Wälder auf sich wirken zu lassen.

Kleine Dörfer mit nostalgischer Atmosphäre

Die Felsenklippe von Barton-on-Sea gehört zu den Hauptattraktionen der Küstenregion. Sie bietet einen großartigen Panoramablick von Milford-on-Sea nach Hurst Castle und auf die Isle of Wight. Auch die idyllische Hafen- und Fischerstadt Lymington liegt direkt am Ärmelkanal. Der Jachthafen, die Häuser aus dem 16. und 17. Jahrhundert und der historische Markt verleihen ihr besonderes Flair, Bootsausflüge zur Meerenge Solent bieten hier windumwehte Abwechslung. Doch die eigentlichen Stars des New Forest sind neben den Ponys und der unberührten Natur die vielen kleinen Dörfer, in denen die Zeit scheinbar stehengeblieben ist. Lyndhurst und das New Forest Museum bieten Einblicke in die Geschichte und Entwicklung des Gebietes. In Geschäften, gemütlichen Teestuben, nostalgisch eingerichteten Pubs, Cafés und Restaurants können die lokalen Produkte probiert werden.

Flora und Fauna bilden im New Forest eine harmonische Einheit. Der Stammbaum der Pferde lässt sich bis ins frühe 11. Jahrhundert zurückverfolgen.

DIE PRACHT DER AZALEEN

Die Vielfalt südenglischer Gärten kennt keine Grenzen. Die einen legen besonderen Wert auf seltene Pflanzenarten, andere auf das Gartendesign. Am südöstlichen Zipfel des New Forest liegt Exbury mit seinen Rhododendren- und Azaleengärten. 1920 wurden sie von Lionel de Rothschild angelegt, auf der drei Kilometer langen Summer Lane entfaltet sich von Frühjahr bis Herbst eine wahre Blütenpracht. Die Anlage umfasst 80 Hektar, so verwundert es nicht, dass hier Gärtner und Landschaftspfleger ein Areal geschaffen haben, das seinesgleichen sucht. Auch die Kamelien-Arten sind einzigartig und bilden jedes Jahr ein Blütenmeer, in dem man sich verlieren kann. Der Steingarten gilt als der größte seiner Art in Europa. Und wer es romantisch mag, der kann mit einer kleinen Dampfeisenbahn durch das Gelände zuckeln.

WEITERE INFORMATIONEN

The New Forest Authority, Town Hall Avenue Road, Lymington, Hampshire SO41 9ZG, Tel. 0044/1590/64 66 00, www.newforestnpa.gov.uk

Exbury Gardens, The Estate Office, Exbury, Southampton SO45 1AF, Tel. 0044/2380/89 12 03, www.exbury.co.uk

22

WHITCHURCH SILK MILL – EDLE STOFFE

DIE TRADITION DER WEBKUNST

Englische Seidenprodukte sind traditionell von hoher Qualität und oft schwer zu finden. In Handarbeit auf historischen Webstühlen hergestellt, ergeben sie einzigartige Stoffkreationen, gewebt für die Ewigkeit. Rund 20 Kilometer nördlich von Winchester bietet die Whitchurch Silk Mill einen Ausflug in die englische Webkunst.

An der Kathedrale von Winchester kommt keiner vorbei, der sich in der Nähe der Hauptstadt von Hampshire aufhält, auch wenn er eher versteckte Schätze sucht. Denn die Stadt am Fluss Itchen nahm schon zu Römerzeiten eine wichtige Stellung ein, unter König Alfred dem Großen (847–899) stieg sie gar zur Hauptstadt des englischen Königreichs auf. Die Kathedrale wurde ab 1079 errichtet und besitzt ein 170 Meter langes Kirchenschiff, nach der Peterskirche in Rom das zweitlängste in ganz Europa. Ihr äußeres Erscheinungsbild kommt mit Elementen von der Romanik bis zur Spätgotik eher schlicht daher, aber auch ohne Prunk und reiche Ornamentik strahlt sie Harmonie und Macht aus. Erst im Inneren bemerkt man ihre Größe, ist überwältigt von Schreinen, Grabkapellen, Taufbecken und kunstvollen Fenstern. Eine Grabplatte erinnert an die Schriftstellerin Jane Austen, die 1817 in Winchester starb. Auch die normannische Krypta, die als die schönste Englands gilt, kann besichtigt werden, allerdings nur im Sommer, denn sie steht wegen des feuchten Untergrunds oft unter Wasser.

William, der Taucher

Das führt zu einer berühmten Persönlichkeit der Stadt, William Walker, auch »Will the Diver« genannt. Seiner Arbeit ist es zu verdanken, dass die Kathedrale zu Beginn des 20. Jahrhunderts nicht einstürzte. Ihr Holzbohlen-Fundament sackte allmählich ab, William konnte das nicht zulassen.

Ob Schal oder Krawatte – Hauptsache aus feiner Seide, denn es soll dem Aussehen schmeicheln. In Whitchurch entdeckt man eine Seidenweberei, die höchste Qualität produziert (links). Hohes Niveau findet man auch in der Gastronomie in Winchester (unten).

Zwischen 1905 und 1912 stützte er in täglichen Tauchgängen im dunklen Grundwasser der Krypta die Fundamente mit Zement und Ziegelsteinen. Über 115 000 Betonblöcke, 25 000 Zementsäcke und 900 000 Ziegelsteine verarbeitete er und verdiente sich so seinen Platz in der Kathedrale neben all den Bischöfen und Königen.

Die Welt der Seidenweber

Solche wagemutigen Abenteuer braucht man zum Glück nicht zu unternehmen, um einem wahren Kleinod auf die Spur zu kommen: der Whitchurch Silk Mill, der ältesten Seidenweberei in ganz Großbritannien, die noch in ihrem Originalgebäude ansässig ist. Die historische Wassermühle stammt aus georgianischer Zeit und webt bis heute Stoffe auf Stühlen aus dem 19. Jahrhundert. Ob man sich nun für die Technik der historischen Webstühle von 1817 interessiert, die Seidenstoffe bewundert oder etwas über die Webkunst aus viktorianischer Zeit erfahren will: Whitchurch ist der richtige Ort, um das zu erkunden. Das ganze Areal, am Fluss Test gelegen, strahlt eine besondere Ruhe aus. Selbst wenn hier Spezialaufträge für Kirchen, Museen, Ausstellungen, Theaterbühnen und Modehäuser angefertigt werden, kommt keine Hektik auf, sogar dann nicht, wenn der National Trust oder das Victoria and Albert Museum etwas bestellen. »Wir sind nicht schnell, sondern wir arbeiten sorgfältig und nach traditionellen Prozessen«, lautet das Motto. So können die Produktion und die Auslieferung eines neuen Musters zum Beispiel bei einem 150-Meter-Auftrag bis zu 17 Wochen dauern.
Im Mühlenshop kann man dann einen neuen Seidenschal oder eine Seidenkrawatte erstehen und im Tea Room bei Tee, Kaffee und leckeren Kuchen dem Klappern der Webstühle lauschen.

REIFER WEIN IN ALTEN MAUERN

Wie wäre es mit einem 2018er Riesling »Clare Valley Single Estate St Andrews Wakefield Estate« aus Australien? Der König der Weißweine mit großem Riesling-Charakter passt perfekt zu einem Fischmenü. Oder ein 2019er »Pactio Super Tuscan Tenuta Fertuna Maremma« aus der Toskana? Der trockene Rotwein mit seinen vielfältigen Aromen verwöhnt den Gaumen am besten zu einem saftigen Steak. Das sind nur zwei Beispiele der ausgezeichneten Wein- und Speisekarte, die im Old Vine, einem Gebäude aus dem 18. Jahrhundert, im Schatten der Kathedrale von Winchester die Gäste erwartet. Auch einige geräumige Zimmer zur Übernachtung werden angeboten. Das kleine, versteckt in einer Nebengasse gelegene Haus ist die Suche auf jeden Fall wert. Exquisite Weine, hohe Qualität und ein zuvorkommender Service zeichnen das Old Vine aus.

WEITERE INFORMATIONEN

Whitchurch Silk Mill, 28 Winchester Street, Whitchurch, Hampshire RG28 7AL, Tel. 0044/1256/89 20 65, Di–So 10.30–17 Uhr, www.whitchurchsilkmill.org.uk
The Old Vine, 8 Great Minister Street, Winchester, Hampshire SO23 9HA, Tel. 0044/1962/85 46 16, 12–15 und 18.30–21 Uhr, www.oldvinewinchester.com

WINDSOR UND ETON – CASTLE UND COLLEGE

GROSSE GESCHICHTE AUF BEIDEN SEITEN DER THEMSE

Versteckte Plätze in Windsor Castle und Eton College? Die gibt es durchaus, denn Windsor Castle ist keine gewöhnliche Burg: Das älteste bewohnte Schloss der Welt ist, ebenso wie Eton College auf der anderen Flussseite, eher ein Zustand. Man steht davor, traut seinen Augen nicht und staunt wie Alice im Wunderland.

Die Wohnstätte des englischen Königshauses, Windsor Castle, liegt nur 35 Kilometer westlich von London. Ob man nun Anhänger der Krone ist oder nicht, Windsor Castle muss man einfach gesehen haben. Denn trotz all des durchorganisierten Trubels, der rund um die mächtigen Türme am Ufer der Themse und in der Stadt Windsor selbst herrscht, auch hier gibt es stille Ecken, zeigt sich das Königshaus von seiner charmanten Seite. Auch wenn es natürlich Bereiche gibt, die nicht zugänglich sind, wenn die Öffnungszeiten sich wegen Staatsempfängen ändern, die Prunkgemächer nicht besichtigt werden können, weil der König anwesend ist und auf dem Round Tower dann die königliche Flagge weht: Hier wird Volksnähe gepflegt und englische Geschichte gelebt wie in einer großen Familie. Auch die Kleinstadt Windsor selbst mit ihren Fachwerk- und Backsteinbauten, gemütlichen Pubs, Cafés, Restaurants, Boutiquen und Antiquitätenläden fügt sich perfekt in das Gesamtensemble ein. Scheint dann noch die Sonne und lockt ein Bootsausflug auf der Themse, wird aus manchem Kritiker der Krone zwar kein Monarchist, zumindest aber jemand, der sich dieser

Eton College ist so beeindruckend, dass es einem fast den Atem raubt. Langen Atem müssen aber die Schüler beweisen, denn Lernen, Sport und Tradition gehen hier Hand in Hand.

Faszination, die von Windsor und dem Castle ausgeht, nicht mehr entzieht.

Vorsicht Strumpfband!

Bereits um 1078 ließ Wilhelm der Eroberer hier eine Burg errichten, von Heinrich II. bis zu Königin Elisabeth II. wurde sie kontinuierlich erweitert, umgebaut, verschönert und dient nun schon seit über 900 Jahren als offizielle Residenz der königlichen Familie. Auch Queen Elizabeth II verbrachte hier regelmäßig ihre privaten Wochenenden und empfing Staatsgäste. Wenn nun King Charles III nicht da ist, können die State Apartments besichtigt werden, also lohnt sich vorher ein Blick auf die Webseite. Beeindruckend sind hier nicht nur die Schätze der königlichen Möbel- und Porzellankollektion, hier hängt so ziemlich alles, was Rang und Namen hat, golden gerahmt an der Wand: Meisterwerke von Rubens und Rembrandt, van Dyck, Holbein, Michelangelo, Raffael und Leonardo da Vinci. Selbst die Kugel, die Lord Nelson in der Trafalgar-Schlacht tötete, wird in Schloss Windsor aufbewahrt.

Das Erscheinungsbild der heutigen Burganlage geht im Wesentlichen auf Eduard III. zurück, und Charles II. legte besonderen Wert auf die Wandlung von einer wehrhaften Festung in ein prunkvolles Wohnschloss. Eduard III. gründete hier auch im Jahre 1348 den weithin bekannten Hosenbandorden: »The Most Noble Order of the Garter«, den höchsten Orden des Landes. Anlass soll ein Fest gewesen sein, bei dem Eduard das Strumpfband einer Hofdame aufhob, unter dem Gelächter der anwesenden Ritter. Schlagfertig, wie er war, verkündete er sogleich, es wäre schon bald eine Ehre, solch ein Band zu besitzen, als einer der 26 Knights des Hosenbandordens.

Erhabene Kapelle im Lower Ward

Windsor Castle ist in drei Trakte eingeteilt, den Lower, Middle und den Upper Ward. Man betritt die Anlage in der Regel durch das Henry VIII Gateway, ein monumentales Torgebäude von 1511, und steht sogleich dem Horseshoe Cloister gegenüber, einem hufeisenförmigen Gebäude, das Heinrich IV. er-

Die oftmals spartanische Ausstattung mancher Lehrräume (oben) spiegelt einen Teil der Philosophie in Eton wider: Konzentriere dich auf das Wesentliche. Einen prachtvollen Anblick bietet hingegen St George's Chapel (links).

richtete. Daran schließt sich die St George's Chapel an, die Ordenskapelle der Hosenbandritter, die dem Ordenspatron, dem Heiligen Georg, geweiht ist. Hier sind zehn englische Herrscher und Königinnen beigesetzt: Georg V. und Königin Maria, Heinrich VIII. und Jane Seymour, Karl I., Heinrich VI., Eduard IV. mit Gemahlin und Eduard VII. mit Königin Alexandra. Die Kapelle ist zudem ein prachtvolles Beispiel für den Perpendicular Style mit dem fächerförmigen Deckengewölbe, dem Chor aus dem 15. Jahrhundert und dem aus Windsor-Eichen geschnitzten Gestühl. Banner, Wappen und Schwerter von 700 Ordensrittern verzieren den lichtdurchfluteten Raum und verleihen ihm eine erhabene Größe. Die anschließende Albert Memorial Chapel, reich ausgestattet mit Marmor, Glasmalereien und Mosaiken, widmete Königin Victoria ihrem 1861 verstorbenen Prinz Albert.
Im Zentrum des Middle Ward steht der Round Tower. Wer die 200 Stufen nicht scheut, kann den Turm erklimmen und dort oben von der Plattform aus den Ausblick auf Windsor, das Themse-Tal und die Skyline von London genießen. Unterhalb des Round Tower führt in nördlicher Richtung ein Übergang zur North Terrace, von der aus man ebenfalls einen schönen Blick auf die Themse und das gegenüberliegende Eton hat. Wenn man dann den quadratischen Upper Ward betritt, eingerahmt von den State, den Private und den Visitor Apartments und flankiert von der East Terrace mit ihren hübschen Blumenbeeten, fühlt man sich im Zentrum der heute nur noch repräsentativen Macht angekommen. Im Osten und Norden wird Windsor Castle von einem Schlosspark umrahmt, in dem sich auch das Frogmore House and Mausoleum befindet. Dort ruhen Königin Victoria und Prinz Albert in jugendlicher Marmorfrische. Im Park ist man oft für sich allein, denn Frogmore House ist nur an wenigen Tagen des Jahres geöffnet.

Stil und Tradition in Eton

Danach steht ein Spaziergang über die Themsebrücke nach Eton an, um das berühmte College zu begutachten, noch immer die vornehmste *public school* des Landes, die man besuchen kann. Wer allerdings nicht zu den Klassenbesten gehört, die ein Stipendium bekommen, muss jährlich rund 35 000 Euro an Schulgeld aufbringen. In Großbritannien steht die Bildungspolitik immer wieder im Blickfeld der Öffentlichkeit und der Parteien. Im Wechsel der Strömungen hin zur Eliteförderung oder wieder mehr zur Bildung breiter Gesellschaftsschichten haben Privatschulen ihre Traditionen bewahrt. So wie das renommierte Eton, das von Heinrich VI. gegründet wurde. Heute kann man die Eton-Welt kennenlernen, wenn man sein Kind dort anmelden will, die drei Museen besuchen und aus der Nähe spüren möchte, was eine angesehene Privatschule ausmacht: große Traditionen, Gemeinschaft und ein ganzheitliches Pädagogikkonzept, das bereits mehrere Generationen britischer Premierminister hervorgebracht hat.

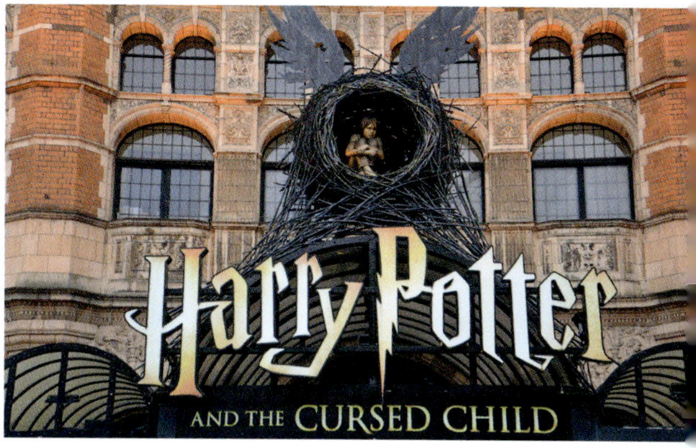

PAUKEN MIT POTTER

Zugegeben, das Eton College hat wenig mit einer Zauberschule zu tun. Dafür bietet die Warner Bros. Studio Tour London – The Making of Harry Potter Besuchern seit 2012 die Gelegenheit, authentische Kulissen aus nächster Nähe zu betrachten, die Konstruktionen und filmerische Wirkung der fesselnden Spezialeffekte zu entdecken sowie die Geheimnisse hinter den Kulissen der Harry-Potter-Filmreihe zu erkunden, von der Großen Halle über den Verbotenen Wald und die Gringotts Bank bis hin zum Miniaturmodell von Hogwarts. Die Studio Tour nordwestlich von London erhält völlig zu Recht immer wieder ausgezeichnete Bewertungen, selbst von jenen, die keine Harry-Potter-Fans sind. Und aufgepasst: Tickets können ausschließlich im Voraus gebucht werden unter www.wbstudiotour.co.uk

WEITERE INFORMATIONEN

The Royal Collection Trust, York House, St James's Palace, London SW1A 1BQ, www.rct.uk
Eton College, Windsor, Berkshire SL4 6DW, Tel. 0044/1753/370100, Museen geöffnet Sonntag 14.30–17 Uhr, www.etoncollege.com

24

PANGBOURNE – VERSTECKTER SCHATZ AN DER THEMSE

WENN DER WIND MIT DEN WEIDEN SPIELT

Manche glauben, die Themse sei von ihrer Quelle bei Kemble bis zur Mündung in die Nordsee auf ihren 345 Kilometern Länge so gut erforscht, dass es keine Überraschungen mehr gebe. Vielleicht sollte diese Meinung auch nicht revidiert werden, damit versteckte Perlen wie Pangbourne nicht vom Massentourismus erfasst werden.

Die Themse ist ein faszinierender Fluss, der über weite Strecken sehr ruhig am Betrachter vorbeiströmt. Das liegt vor allem an seiner meist erstaunlichen Breite. Besonders auf die Kilometer, die die Themse durch London fließt, trifft diese Beobachtung zu.

Auf dem Boot durch London schippern

So gehört es fast schon zum guten Ton eines Londonbesuches, die Metropole vom Wasser aus zu erleben, und das ist durchaus ein besonderes Vergnügen. Ob man nun die festgetaute Variante auf dem Restaurant-Schiff »R. S. Hispaniola« an der Jubilee Bridge bei einem Candle-Light-Dinner wählt oder lieber die flinke Flotte der City Cruises nutzt: Das London-Panorama vom Wasser aus hat seinen Reiz. Die Ausflugsboote verkehren das ganze Jahr hindurch täglich, in kurzem Takt werden Westminster Pier am Big Ben, Waterloo Pier unterhalb des London Eye, der Tower und der Greenwich Pier miteinander verbunden. Das oberste Deck ist offen, hier genießt man die beste Sicht auf Londons Sehenswürdigkeiten. Wenn es einmal regnen sollte, schützen die unteren Decks mit großen Panoramafenstern vor Wind und Wetter.
Selbstverständlich werden auch beliebte Themenfahrten angeboten, ob es nun »Thames Jazz – the

coolest cruise on the Thames« ist mit einem Drei-Gänge-Menü und jede Menge »Pimm's« oder die »Sundowner Evening Party« mit Champagner, Canapés und Livemusik: Auf den Partybooten entsteht schnell eine aufgelockerte Atmosphäre mit Weltmetropolen-Flair. Auch ein Besuch des größten und ältesten bewohnten Schlosses der Welt, Windsor Castle, 35 Kilometer westlich von London am Oberlauf der Themse gelegen, wird erst perfekt mit einer Bootsfahrt auf der Themse.

In Pangbourne, an den Ufern der Themse, scheint das Leben stillzustehen. Alles Laute und Eilige ist hier fehl am Platze.

Flussidylle in Pangbourne

»Nichts kann anregender sein als die Schiffe zu beobachten, wie sie die Themse hinaufgefahren kommen«, schwärmte einst die Schriftstellerin Virginia Woolf. Ob den Fluss hinauf oder herunter, das spielt eigentlich keine große Rolle, entscheidend ist die besondere Ruhe, die von der Themse ausgeht. Und auch all jene Menschen, die lieber trockenen Fußes durchs Leben gehen, weil ihnen noch die sanftesten Wellen eine Verstimmung in der Magengegend verursachen, finden an den Ufern viele Möglichkeiten, der Faszination des Flusses nachzuspüren.
Eine besonders idyllische Möglichkeit, solch ein Erlebnis zu genießen, findet man in dem kleinen Ort Pangbourne. Das charmante Berkshire-Städtchen schmiegt sich romantisch an die Themse, man fühlt sich hier geradezu wie an einem Ort aus Kenneth Grahames Kinder- und Jugendroman *Wind in den Weiden*, der 1908 veröffentlicht wurde und zu den Klassikern der englischen Literatur zählt. Der Schriftsteller hat tatsächlich eine Zeitlang in Pangbourne gelebt und ist hier 1932 verstorben. Der Wanderweg »National Thames Pathway« verläuft an Pangbourne vorbei. An den Themseufern findet man immer wieder stille, verwunschene Plätze, an denen das Ufergebüsch mit den mächtigen Weiden und Laubbäumen zu einer grünen Wand und einem undurchdringlichen Dach zusammengewachsen ist, durch das nur gelegentlich die Sonne hindurchblinzelt. Mücken tanzen über dem Wasser, hier und da springt ein Fisch nach ihnen, die Luft steht wie ein Schleier über dem Fluss und verströmt Düfte von Wiesenblumen und schlammigem Wasser. Dann fühlt man sich fast wie Grahames scheuer Maulwurf, der von zu Hause ausgebüxt ist und zum ersten Mal in seinem Leben einen Fluss sieht.

MEIN LIEBER SCHWAN
Was für eine Lage: Direkt an der ruhig vorbeifließenden Themse, mit einer Uferterrasse, die ihresgleichen sucht, ist das Pub-Restaurant The Swan ein Ort zum Entspannen und Genießen. Das aus dem 17. Jahrhundert stammende Gebäude mit seinem Fachwerk und drei offenen Kaminen, die im Winterhalbjahr für angenehme Wärme und heimelige Stimmung sorgen, ist der perfekte Ort, all seine Geschäftigkeit abzulegen und durchzuatmen. Wer es ganz zurückgezogen mag, diniert mit seinen Freunden und Freundinnen im »Bunker« des Lokals, dem ehemaligen Kohlenlager des Hauses, das zu geschmackvoll hergerichteten Räumen für private Festlichkeiten umgestaltet wurde. Ein schwanenhaft schöner Ort mit ausgezeichneter Küche und einer Weinkarte, die verrät, dass man hier etwas von Wein versteht.

WEITERE INFORMATIONEN
Pangbourne-on-Thames, Berkshire RG8, www.pangbourne-on-thames.com
The Swan, Shooters Hill, Pangbourne, Berkshire RG8 7DU, Tel. 0044/1189/84 44 94, www.swanpangbourne.co.uk

25

WOODLEY – LUFTFAHRTGESCHICHTE AUS BERKSHIRE

FREIHEIT ÜBER DEN WOLKEN

Die Grafschaft Berkshire war einst ein bedeutendes Zentrum in der Geschichte der Luftfahrtindustrie. Auf dem Woodley Airfield in der Nähe von Reading ist heute mit dem Museum of Berkshire Aviation ein Ort entstanden, der die große Flugzeugbau-Tradition und den Erfindergeist dieser Region spannend präsentiert.

Woodley ist eine 35 000 Einwohner zählende Stadt zwischen der Themse und dem River Loddon, ganz in der Nähe von Reading, auch nach Wokingham ist es nicht weit. Der Name geht auf das Altenglische zurück und bedeutet so viel wie »Lichtung im Walde«. Bis in die 1930er-Jahre war dies ein eher unbedeutender Flecken im Nirgendwo, dann wurde in Woodley ein Flugfeld eröffnet, und der Boom ging los. An die 6000 zivile und militärische Flugzeuge wurden zwischen 1933 und 1962 hier in Woodley gebaut. Auch nach dem Zweiten Weltkrieg wuchs die Stadt weiter, Industrieunternehmen siedelten sich an, Wohngebiete wurden erschlossen, bis Anfang der 1960er-Jahre der Flughafen geschlossen wurde und die letzte Flugzeugfabrik ihre Tore verriegelte. Der Boom war zu Ende, heute ist Woodley beinahe mit Reading zusammengewachsen. Nichts Aufregendes mehr zu sehen, könnte man meinen. Ein gehöriger Irrtum, denn am südlichen Ende des einstigen Flughafens steht ein Gebäude, das mehr ist als ein Regionalmuseum: Das Museum of Berkshire Aviation ist eine Perle unter den Technikmuseen des Landes, mit großem Enthusiasmus von einer Gruppe ehemaliger Flugzeugingenieure und freiwilliger Helfer geleitet, die hier eine bedeutende Industrietradition Berkshires lebendig erhalten.

»Spitfire« und »Hurricane«

So gab es in der Mitte des vergangenen Jahrhunderts insgesamt 21 Flugplätze in Berkshire, die letzten beiden in Abingdon und Greenham Common wurden vor Jahren von der Royal Air Force geschlossen. Damit endete eine 70-jährige Tradition der Luftfahrt in Berkshire, die übrigens auch eine wichtige Rolle bei der Unterstützung der Streitkräfte für den D-Day in der Normandie spielte. In

der zivilen Luftfahrt machte sich Woodley als Produktionsstandort der robusten Miles-Flugzeuge einen Namen. Weitere Hersteller waren in Berkshire vertreten. Vickers-Armstrong Supermarine baute bei Reading seine legendären »Spitfire«, Hawker sein berühmtes Flugzeug »Hurricane«, ebenfalls die Geschichte kleinerer Flugzeughersteller wie Chilton Aircraft oder Elliott Aviation werden im Museum präsentiert. Auch die wichtigen Persönlichkeiten, die der Luftfahrt in Berkshire immer wieder neue Impulse gaben, werden in Dokumenten, Fotografien und nicht zuletzt mit ihren Maschinen lebendig.

Woodley heißt ein kleinerer Ort bei Reading, in dem sich im Luftfahrtmuseum alles um die große Vergangenheit als bedeutender Standort der Flugzeuggeschichte dreht.

Von Pionier zu Pionier

Eine zentrale Rolle in der Entwicklung Woodleys zum Standort der Flugzeugindustrie spielte dabei der Testpilot und Flugzeugdesigner George Miles. Zusammen mit seinem Bruder Fred entwickelte er in den frühen 1930er-Jahren seine wegweisende »Mohawk«, einen schnellen Kabinen-Tourer für Langstreckenflüge, für keinen Geringeren als den amerikanischen Flugpionier Charles Lindbergh. Als der Zweite Weltkrieg näherrückte, wurde die »Miles Hawk« zum Trainingsflugzeug der Royal-Air-Force-Piloten, und ein Flug-Ausbildungszentrum wurde in Woodley gegründet.
Neben all der Geschichte und den Geschichten rund um diesen Industriezweig sind natürlich die Flugzeugmodelle selbst die Stars des Museums, etliche davon in liebevoller Detailarbeit von den Museumsbetreibern in oft mehrjährigen Arbeitsprojekten restauriert. Darunter befinden sich zum Beispiel die »Miles Hawk Trainer 3«, »Miles Martinet« und »Miles Student«.

GEMÜTLICHKEIT BEI PFERD UND STALLBURSCHEN

Schon im 16. Jahrhundert stand in Windsor ein Fachwerkhaus, das als mittelalterlicher Krämerladen diente. Die erste Schanklizenz geht zurück auf das Jahr 1719, ein gewisser Peter Tillier löschte zwei Jahre die durstigen Kehlen. Die Schänke hieß damals noch Rose & Crown, erst 1792 wurde unter Richard Knight der Name in Horse & Groom geändert. Warum man von Rose und Krone auf Pferd und Stallbursche wechselte, ist nicht überliefert. Eines aber steht fest: Der dem Tor von Windsor Castle gegenüberliegende historische Pub bietet alles, was man von einer traditionellen englischen »Wohnstube der Öffentlichkeit« erwartet. Gemütliche Atmosphäre, Kerzenlicht am Abend, im Winter offenes Kaminfeuer, *home cooked food*, *real ales* und *much fun*. Zudem ist es ein guter Platz, um das *Changing of the Guard* zu beobachten.

WEITERE INFORMATIONEN

Museum of Berkshire Aviation, Mohawk Way, Woodley near Reading, Berkshire RG5 4UE, Tel. 0044/1189/44 80 89, März–Okt. Sa, So, Mi 10.30–17, Nov.–März So 12–16, Mi 10.30-16 Uhr, www.museumofberkshireaviation.co.uk
The Horse & Groom, 4 Castle Hill, Windsor, Berkshire SL4 1PD, Tel 0044/1753/86 84 88, www.horseandgroomwindsor.com

26

CROFTON – INDUSTRIEGESCHICHTE IN WILTSHIRE

IM KÖNIGREICH DES DAMPFES

Die britische Industriegeschichte war immer auch eine Sozialgeschichte, das ist in Südengland deutlich erlebbar. So verknüpfen Museen wie zum Beispiel das großartige Areal der Crofton Beam Engines in der Nähe von Marlborough die technische Entwicklung einer Epoche mit den gesellschaftlichen Folgen für die Bevölkerung.

Es gibt kaum einen interessanteren Ort in ganz Großbritannien, an dem man so authentisch und hautnah britische Industrie- und Sozialgeschichte erleben kann wie an der Crofton-Pumpenstation. Sie liegt südöstlich von Marlborough unmittelbar am Kennet-Avon-Kanal, der die Region um London mit Bristol verbindet. Der Bau geht auf die Jahre 1807 bis 1809 zurück, mit dem Zweck, den höchsten Punkt des Kanalsystems mit ausreichend Wasser zu versorgen. Hier unternimmt man also eine Zeitreise in die Vergangenheit, als der Dampf noch der König unter den Energieträgern war. Zugleich ist dieser Ort ein seltenes Beispiel für Technologien jener Zeit, mit denen man zum Beispiel Minen und Bergwerke trockenlegen oder auch ganze Dörfer und Städte mit Wasser versorgen konnte.

Mit Schwung in die Zukunft

Zwei einzigartige Maschinen, die im Lauf ihres Lebens mehrfach restauriert und modernisiert wurden und bis 1958 im regulären Betrieb liefen, haben die Zeiten überlebt. Eine davon, die Boulton & Watt-Dampfmaschine aus dem Jahre 1812, ist die älteste noch funktionierende Dampfmaschine der

Für viele freiwillige Helfer ist es in Crofton Ehrensache, das Funktionieren der Dampfmaschinen zu sichern, gehören sie doch zur Industriekultur der Gegend (links). In Crofton in Wiltshire spielen alte Traditionen noch immer eine bedeutende Rolle (unten).

Welt, sie ist darüber hinaus noch an ihrem Original-Standort zu sehen.
Dabei ist es einer großen Anzahl von freiwilligen Helfern zu verdanken, dass man diesen bedeutenden Teil britischer Industriegeschichte heute überhaupt noch sehen kann. So hat sich der Kennet & Avon Canal Trust seit 1968 erfolgreich darum bemüht, den Kanal und seine technischen Anlagen zu erhalten, zu restaurieren und für die Nachwelt zu konservieren. In einer Zeit also, in der in ganz England bedeutendes Industrieerbe vom Untergang bedroht war. Die Stiftung kaufte die Pumpenstation und konnte bereits drei Jahre später, 1971, beide Maschinen in einen einsatzbereiten Zustand versetzen. Und seitdem erfreuen sie die Besucher bei öffentlichen Vorführungen rund um die Station.

Einen Tag lang Jim Knopf sein

Eine dieser Veranstaltungen ist die beliebte »Steam Experience«, bei der man einen ganzen Erlebnistag in der Pumpenstation verbringen kann und dabei zum Jim Knopf mutiert, der seine »Emma« unter Dampf setzt. Solche Tage sind allerdings meist bereits schon für das ganze Jahr im Voraus ausgebucht, so fasziniert sind die Gäste von diesen Erfahrungen in diesem Königreich des Dampfes. Unter fachkundiger Begleitung lernt man, den Ofen anzuwerfen und mit Kohle zu versorgen, macht seine Inspektionsrunden mit dem verantwortlichen Ingenieur und lernt dabei Ecken und Orte der Anlage kennen, die man sonst nicht zu Gesicht bekommt. Natürlich erzeugt man dann auch gehörigen Dampf und kontrolliert den korrekten Betriebsablauf der Dampfmaschine. Neben einer Sicherheitseinführung und einem leckeren Lunch erhält man zudem die notwendige Berufsbekleidung und am Ende eine Urkunde über den erfolgreich bewältigten Tag an der Dampfmaschine.
Im Lauf der langen Betriebsjahre lief natürlich auch bei den ansonsten so zuverlässigen Dampfmaschinen nicht immer alles rund. 1896 gab es ein größeres Problem, als gleich beide Maschinen ausfielen. Damit war die Aufrechterhaltung des Kanalbetriebes in ernsthafter Gefahr, eine schnelle Lösung musste her. So wurde direkt neben die Pumpenstation eine Eisenbahnlokomotive gestellt, deren Antriebsräder mit einer Zentrifugalpumpe verbunden wurden. Das funktionierte tatsächlich so lange, bis die Dampfmaschinen und ihre Kessel repariert und wieder einsatzbereit waren.

Theater, Festivals und buntes Leben

Neben all diesen Ausflügen in die Industriegeschichte ist die Pumpenstation kein technisch überfrachteter Ort für Spezialisten. Zahlreiche Events finden hier das ganze Jahr hindurch statt und zeigen, dass Technik auch immer mit Menschen zu tun hat. Da ist zum Beispiel das »Motorcycle Festival Steaming«, das Liebhaber historischer Motorräder an einem Sommerwochenende in Crofton zusammenbringt. Dort kann man dann seltene Zweiräder von Douglas, Large, Triumph und Oldtimer-Automobile von Morris Minor, MG oder Daimler bewundern. Dann sind auch die Freiwilligen, die im Museum aushelfen, in historische Kostüme gekleidet, singen, führen traditionelle Gemeinschaftstänze auf und verbreiten gute Laune.

Auch wenn Theater und Festivals in Crofton für beste Laune sorgen, die erste Geige spielen immer die Dampfmaschinen.

Oder man verfolgt eine Aufführung von Shakespeares *Der Sturm* auf der Freilichtbühne, nicht zu vergessen das »Splendid Summer Steampunk Steaming«-Wochenende mit Aufführungen von »Alice's Night Circus«, einer apokalyptischen Reise mit Zirkus-Charakter; oder »Professor Elemental«, einer wilden Kombination aus Musik und Comedy. Wer dann noch nicht genug Dampf im Kessel hat, kann sich auf Hochtouren bringen mit einem Tee-Duell und Teekannen-Wettlauf, in historischen Kostümen selbstverständlich.

Kreative Nostalgie-Punks

Doch was sind eigentlich »Steampunks«? Sie sind eine Art Aliens des viktorianischen Zeitalters, erfindungsreiche, kreative Menschen, die es lieben, sich mit anachronistischer Kleidung und pseudo-technischen Verzierungen zu schmücken. Ursprünglich ein literarisches Sub-Genre der Science-Fiction, tummeln sich ihre Vertreter heute meistens auf Social-Media-Plattformen oder an authentischen Orten wie in dieser einzigartigen Pumpenstation. Eines steht allerdings fest: Aus Crofton kehrt jeder als Dampfpunk zurück, jedenfalls mit Dampfdruck im Herzen. Und er kann danach mit Fachwissen glänzen, denn wer weiß schon, dass die »Harvey of Hayle«-Dampfmaschine 1841 für 1637 Pfund angeschafft wurde, weil mit der Eröffnung der Great-Western-Railway-Strecke von London nach Bristol die Kanalbetreiber noch effizienter und kostengünstiger den Betrieb aufrechterhalten mussten? Ob man nun dem Steampunk-Club beitritt oder nicht: Die Crofton Beam Engines muss man einfach gesehen haben.

Mit etwas Glück trifft man in Crofton auf sogenannte »Steampunks«, die mit ihren kreativen Outfits technische Accessoires mit der Mode des viktorianischen Zeitalters verknüpfen.

DIE WEISSEN PFERDE VON WILTSHIRE

Die Grafschaft Wiltshire ist bekannt für ihre weißen Pferde. Die kann man zwar nicht reiten, auch nicht füttern, dafür aber bestaunen, denn sie wurden als riesige Zeichnungen meistens an sanften Hügeln in den Kalkstein geritzt. Einige, wie das »White Horse of Cherhill« und das »White Horse of Pewsey«, liegen westlich und südlich von Marlborough, einer charmanten Marktstadt, durch die die Flüsse Kennet und Og fließen. In ganz Großbritannien gibt es an die 24 dieser Darstellungen, immerhin 13 davon befinden sich in Wiltshire. Von diesen 13 sind noch acht Pferde deutlich erkennbar, angefertigt wurden sie vor rund 300 Jahren. Lediglich das »Uffington White Horse« stammt nachweislich aus prähistorischer Zeit vor rund 2000 Jahren. Sehenswert sind sie aber alle.

WEITERE INFORMATIONEN

Crofton Beam Engines, Crofton, Marlborough, Wiltshire SN8 3DW, Tel. 0044/1672/870300, April–Okt. 10-16.30 Uhr, www.croftonbeamengines.org

Wiltshire White Horses, Informationen über Orte, Lage und Geschichte der weißen Pferde unter www.wiltshirewhitehorses.org.uk

OLD SARUM – WEITE EBENE UND GROSSER ZAUBER

MAGISCHER HÜGEL ZWISCHEN HIMMEL UND ERDE

Wenn ein Malergenie wie William Turner Ansichten einer Landschaft oder eines bestimmten Ortes auf der Leinwand festgehalten hat, dann musste es schon etwas Besonderes damit auf sich haben. Wer sich der grünen Hügellandschaft rund um Old Sarum nähert, der spürt diese geheimnisvolle Magie und die verborgene Kraft dieses Ortes.

Man muss nicht bis nach New York reisen, um im Metropolitan Museum of Art das Bild »Salisbury Plain with Old Sarum in the Distance« von William Turner zu bewundern, auch wenn es sicher eine Reise wert ist. Mit einer gewaltigen Wolkenformation, die den Hügel berührt, einem Lichtkegel, der auf Old Sarum fällt, und einer Schafherde auf der weiten Ebene hat er die Magie dieses Ortes eingefangen. So ergeht es noch heute dem Besucher, der sich auf den Zauber des alten Salisbury einlässt. Es geht eine besondere Ausstrahlung von diesem Hügel aus, nicht zuletzt, weil man auf große Besucherzentren und Shops verzichtet hat. Einige Erklärungstafeln sind durchaus genug, der Rest kommt von alleine. Wenn der Wind einmal mehr die Grashalme erzittern lässt, Stimmen hinter dem nächsten Erdwall Old Sarum zum Leben erwecken und der aufziehende Nebel den Hügel umhüllt, ist es, als würdest du wie in einer Zeitmaschine zurück ins 11. Jahrhundert versetzt, als Wilhelm der Eroberer hier seine Siegesparade abhielt. Selbst wenn der Regen über die Hochebene peitscht, glänzt Old Sarum wie ein Schatz aus prähistorischer Zeit.

Priester und Krieger im Streit

Das Gebiet wurde schon in der Eisenzeit besiedelt. Die Römer errichteten große Wälle, Sachsen waren hier und Normannen, die um 1077 Old Sarum zum

ROBIN HOOD IN DER ALTEN BURG
In der Nähe von Tisbury, 25 Kilometer westlich von Salisbury, liegt Old Wardour Castle an einem schönen See. Die Überreste eines Residenz-Schlosses aus dem 14. Jahrhundert sind ein guter Platz für einen Ausflug in die Natur und die Geschichte Britanniens. Die Einbettung der romantischen Ruinen in einen weitläufigen Landschaftspark und der wunderbare Panoramablick von der Turmspitze über See und Wälder lassen Bilder von Robin Hood und seinen Gesellen vor dem geistigen Auge erscheinen. Und tatsächlich: Old Wardour Castle war Inspiration und stand Pate für den Film *Robin Hood, König der Diebe* mit Kevin Costner. Mit einem Picknickkorb, einer Decke unter einem der uralten Bäume mit Blick auf das Schloss wird der romantische Ausflug perfekt. Herzensdamen, edlen Rittern und königlichen Dieben sei Dank.

WEITERE INFORMATIONEN
Old Sarum, Castle Road, Salisbury, Wiltshire SP1 3SD, Tel. 0044/1722/335398, www.english-heritage.org.uk
The Old Wardour Castle, Tisbury, Salisbury, Wiltshire SP3 6RR, Tel 0044/370 333 1181, www.english-heritage.org.uk

Bischofssitz erkoren, ehe im 13. Jahrhundert der Niedergang begann. Schon die Stelle war sorgfältig gewählt: Hier trafen nicht nur mehrere Römerstraßen und keltische Pfade zusammen, vom Zentrum in Stonehenge über Old Sarum bis zur neuen Kathedrale von Salisbury zieht sich eine gerade Linie über das Land. Old Sarum war ein bedeutendes religiöses, strategisches und Verwaltungszentrum, das erst aufgegeben wurde, als die ständigen Stürme die Kirche zum zweiten Mal mit dem Einsturz bedrohten, der Wassermangel auf dem Hochplateau immer größer wurde und sich Priester und Krieger nicht einigen konnten, wie es weitergehen sollte. So wurde beschlossen, die Kathedrale an einem tiefer gelegenen Ort neu zu errichten, und das heutige Salisbury entstand.

Germanische Götter im Wochenlauf

Die angelsächsische Mythologie lebt noch heute weiter, manchmal ist uns der Bezug im Alltagsleben allerdings nicht mehr geläufig. Als die Angelsachsen ab 430 die britisch-römische Kultur auf der Insel ablösten, brachten sie natürlich ihre germanische Götterwelt mit, die heute zum Beispiel in den Namen der Wochentage sichtbar wird: Im Tuesday findet man den Kriegsgott Tiw, im Wednesday den obersten Germanengott Wodan und im Thursday den Wettergott Thor. An einem stillen Nachmittag, wenn die Sonne langsam untergeht, die Schatten länger werden und ein leiser Wind über die Felder weht, wirkt Old Sarum wie ein Versammlungsort der Götter und Krieger aus versunkenen Tagen. Der Wind ruft zur Versammlung, es wird Zeit, diesen Ort zu verlassen, denn wir Menschen sind hier in der Dunkelheit sicher verloren.
Zum Glück ist das Woodford-Tal nicht weit entfernt, im Wheatsheaf Inn wartet ein gemütlicher Pub mit eigener Brauerei und schmackhaften Gerichten. Über der Feuerstelle steht eine Inschrift, die keine Zweifel aufkommen lässt, dass man hier gut aufgehoben ist: *»The church is near but the road is icy. The pub is far away but I will walk carefully.«*

Old Sarum (links und rechts unten) wird oft übersehen, weil es kein Besucherzentrum besitzt. Das macht das Entdecken angenehm.

Das idyllische Dorfbild von Castle Combe kommt einer Puppenstube gleich.

28

CASTLE COMBE – DOKTOR DOLITTLE IN DEN COTSWOLDS

TRAUMORT AM BYBROOK

Das 350 Einwohner zählende Castle Combe ist zwar kein Geheimplatz mehr, gilt es doch als das schönste Dorf Südenglands. Sieht man aber einmal von den Hochsaisonmonaten ab, ist der Begriff Idylle hier zutreffend, dank eines über Jahrhunderte unveränderten Dorfbildes und der romantischen Umgebung.

Im Jahr 1966 ging es äußerst munter und lebhaft zu im idyllischen Dorf Castle Combe. Matthew Mugg findet eine verletzte Ente, bringt sie zu Dr. John Dolittle, der 498 Tiersprachen beherrscht und mit seinem Papagei Polynesia gerade versucht, auch noch die Goldfische zu verstehen. Damit hat er eigentlich genug zu tun, aber wer will schon einer verletzten Ente die Hilfe verweigern. Auch andere Persönlichkeiten des Ortes haben alle Hände voll zu tun: General Bellowes jagt die Füchsin Sheila, John befreit die Seehündin Sophie aus dem Zirkus, begibt sich auf eine große Expedition und landet am Ende auf dem Mond. Von dort aus schaut er sicher auf sein hübsches Dorf Puddleby-on-the-Marsh, auch Castle Combe genannt, und wacht darüber, dass alle Tiere und vielleicht auch die Menschen gesund bleiben.

Wie im Bilderbuch

Der Film erhielt 1968 zwei Oscars und den Golden Globe für Richard Attenborough als besten Nebendarsteller und machte den Ort natürlich interessant für weitere Fernseh- und Filmproduktionen. So wurden unter anderem Teile von *War Horse (Gefährten)* und *Stardust (Der Sternwanderer)* hier gedreht. Die Einwohner haben sich damit abgefunden, Filmkulisse und Tagesausflugsziel geworden zu sein, denn sie wissen nur zu genau, dass es auch wieder ruhiger wird und die Filmproduktionen

dazu beitragen, dass der Ort seinen jahrhundertealten Bilderbuch-Charme unverändert behält. Denn eines steht so fest wie die Steinhäuser mit ihren dicken Wänden: Große Bauprojekte wird es hier nicht geben. Dafür werden schon der Schimpanse Tschi-Tschi, das Schwein Göb-Göb, Tommy, Matthew und der General sorgen.

Von Freiherren und Feuern

Im Grunde besteht Castle Combe, sechs Kilometer nördlich von Lacock gelegen, aus einer Straße, die, wie könnte es anders sein, auch so heißt: The Street führt zum Markplatz mit einem Kreuz aus dem 14. Jahrhundert, von dem die West Street abzweigt. Gleich gegenüber liegt die St Andrew's Church, die schön dekorierte Fenster aus verschiedenen Stilepochen besitzt und ebenfalls mehr als 800 Jahre alt ist. Sie beherbergt auch das Grab des normannischen Freiherrn Walter de Dunstanville aus dem Jahr 1270, der die Burg gebaut haben soll. Sie gab dem Ort zwar den Namen, von ihr sind leider aber nur noch Grundmauern erhalten. Kämpfe, Kriege, Feuer und bewegte Geschichte haben leidglich Ruinen hinterlassen, die allerdings besonders am Morgen und in der Abenddämmerung als Kulisse ein beeindruckendes Bild von romantischer Schönheit abgeben.
Im 15. Jahrhundert gehörte das Land übrigens einem Sir John Fastolf, aus dem Shakespeare seinen »Falstaff« machte. Solch künstlerische Verwandlungen wird es in Castle Combe nicht geben, das Ensemble aus dicht bewaldetem Tal, den heimeligen Steinhäusern und dem langsam dahin fließenden Bybrook ist viel zu pittoresk, als dass man hier ernsthaft etwas verändern dürfte, auch nicht in Dr. Dolittles Namen. Abgesehen von gewissen Crews, die einfallen, alles auf den Kopf stellen, herumwuseln, dekorieren, Kulissen verschieben, Menschen dirigieren und furchtbar wichtig tun. Der Besuch lohnt sich aber selbst zu einer solchen Drehzeit, denn man weiß ja nie, vielleicht wird man, wenn man nah genug an den Drehort herankommt, doch noch entdeckt.

Bewässerung: Im 14. Jahrhundert entwickelte sich Castle Combe um seinen Brunnen, der noch heute Mittelpunkt des Ortes ist (oben).

DIE KIRCHE DES KREUZRITTERS

Selten sind Kirchen so prägend für das Erscheinungsbild einer kleinen Gemeinde, wie es hier in Castle Combe die St.-Andrew's-Kirche ist. Zentral am Marktplatz gelegen, geht das Gotteshaus auf das 13. Jahrhundert zurück, das Längsschiff wurde im 14. Jahrhundert hinzugefügt. Für die Fertigstellung des imposanten Turmes brauchte man noch rund 200 Jahre mehr. An der Nordseite der Kirche findet man das Grab des normannischen Kreuzritters Sir Walter de Dunstanville, seines Zeichens auch Baron von Castle Combe, der 1270 verstarb. Das Fenster über dem Grabmal zeigt das Wappen der Scrope-Familie, die Castle Combe für mehr als 400 Jahre in ihrem Besitz hielt. Und auch am Fuße des Turms gibt es eine Rarität: eine mittelalterliche Uhr ohne Zifferblatt, eine der ältesten noch arbeitenden Uhren dieser Art im Lande.

WEITERE INFORMATIONEN

Castle Combe, Wiltshire SN 14 7NG, www.castle-combe.com
The Parish Church of St Andrew, Castle Combe, Market Place, Chippenham SN14 7HP, Tel. 0044/1249/78 27 04, https://standrewschurchcastlecombe.org

AVEBURY – EIN GANZES DORF IM STEINKREIS

WO DIE VERGANGENHEIT GEGENWÄRTIG WIRD

Bei weitem nicht so bekannt wie Stonehenge, aber keineswegs unbedeutender: Mit Avebury besitzt Wiltshire eine weitere prähistorische Stätte, die mit keiner anderen zu vergleichen ist. Ein komplettes Dorf findet in dem größten megalithischen Steinkreis der Britischen Inseln seinen Platz und verliert nichts von seinem Charme.

Wer angesichts prähistorischer Stätten ins Schwärmen gerät, wird gelegentlich in die esoterisch angehauchte Ecke gestellt. Diese Einstellung könnte sich bei manchen Besuchern in Avebury schnell ändern, die ansonsten wenig übrig haben für Mystik aus grauer Vorzeit. Die Einheit aus Landschaft, Dorf und Steinkreisen ist hier so deutlich sichtbar, dass es einem beinahe die Sprache verschlägt. Auch bedarf es keiner großen Geste, um auf die herausragende Bedeutung des Ortes aufmerksam zu machen. Avebury spricht für sich selbst. Mit einer kräftigen Stimme, die uns ermahnt, dass wir uns öfter einmal nicht als das Maß aller Dinge betrachten sollten. Denn es gab bereits weit vor unser Zeit Wissen um Zusammenhänge, denen wir erst jetzt langsam auf die Spur kommen.

Picknick in der Kultstätte

Natürlich schadet es nicht, wenn man sich mit ein wenig Wissen im Dorf und zwischen den Erdwällen bewegt, aber selbst der unvorbereitete Wanderer fühlt hier die Gegenwart der Vergangenheit. Aufgrund dieser Ausstrahlung verwundert es nicht, dass Avebury zum Welterbe gezählt wird. Der zur Kultstätte gewordene Ort liegt nur rund 25 Kilometer nördlich von Stonehenge und knapp zehn Kilometer westlich des Städtchens Marlborough. Er ist vom Durchmesser her mit seinen 300 Metern wohl der größte Steinkreis in Europa. Die Anlage besteht aus einzelnen Sarsensteinen, Sandsteinen, die insgesamt drei Ringe bilden, umgeben von Erdwällen und Gräben. Durch die relativ großen Abstände der Felsblöcken zueinander kann man sich in der Kultstätte ziemlich frei bewegen, so sind Familien mit einer Picknickdecke kein seltener Anblick. Dadurch bekommt die gesamte Szenerie einen äußerst lebendigen und charmanten Charakter.

Steinig: Schon allein die Größe der prähistorischen Anlage ist beeindruckend, ein ganzes Dorf samt Avebury Manor (unten) wird umringt von Steinkreisen und Erdhügeln.

Der Reiz der Unvollkommenheit

Das kleine Dorf selbst mit seinem Straßenkreuz, das in alle vier Himmelsrichtungen zeigt, ist eingebettet in den Kreis, der eigentlich kein kompletter Kreis mehr ist, denn bis ins 18. Jahrhundert bediente man sich hier noch beim Hausbau mit den praktisch umherliegenden Sandsteinbrocken. Aber gerade diese Unvollständigkeit macht den Reiz der Anlage aus, stellt sie doch eine Verbindung dar zur unmittelbaren Umgebung und steht nicht so isoliert für sich selbst wie das Stonehenge-Gefüge. Errichtet wurde Avebury zwischen 2500 und 2000 v. Chr., die bis zu 20 Tonnen schweren Felsmonolithe wurden aus den Marlborough Downs hertransportiert, höchstwahrscheinlich von dem Volk der Beaker People, die auch Stonehenge errichtet haben sollen. Ihre »Glockenbecherkultur« hielt sich bis etwa 1800 v. Chr., dann verschwand sie im Nebel der Geschichte.
Wer sich der großen Tradition englischer Dampflokomotiven verpflichtet fühlt, unternimmt einen Abstecher nach Swindon ins Steam Museum of the Great Western Railway. In einem ehemaligen Eisenbahngelände, das zu seiner Blütezeit in den 1930er-Jahren mehr als 12 000 Menschen beschäftigte und damals das größte Eisenbahnzentrum der Welt war, wird mit eindrucksvollen Beispielen die Geschichte der Dampfeisenbahn präsentiert. Hier wurden einst drei Lokomotiven pro Woche gebaut. Im Jahr 1986 musste das Werk endgültig schließen. Das heutige Museum zeigt nicht nur die historischen Lokomotiven, sondern auch das Leben, Arbeiten und die Architektur der Great Western Railway und ihrer Menschen an jenem Platz, an dem diese legendäre Mobilitätsgeschichte begann. Danach wendet man sich, ganz der Tradition folgend, auf der alten Bath Road, die in London beginnt, dem Westen Südenglands zu.

ZEITGESCHICHTE ERLEBEN

Fernsehserien haben neben ihrem Unterhaltungswert gelegentlich auch kulturhistorischen Charakter, der Auswirkungen auf die Gegenwart hat. Die im Jahre 2011 gedrehte TV-Serie *The Manor Reborn* zeigte anschaulich, wie ein historisches Herrenhaus zu neuem Leben erweckt wird. Neun Räume von Avebury Manor und Teile der Gartenanlage wurden neu dekoriert und entworfen in fünf verschiedenen Wohnstilen: Tudor-, Queen-Anne-, georgianischer, viktorianischer Stil und im Design des 20. Jahrhunderts. Das alles geschah unter der Expertise des National Trust, der originalgetreue Ausstattungen verwendete, um faszinierende Raumerlebnisse zu schaffen. Das Beste daran ist, dass der Besucher nicht von Verboten umgeben ist, sondern sich zum Beispiel an den georgianischen Tisch setzen und wie ein König fühlen kann.

WEITERE INFORMATIONEN

Avebury Manor and Garden, Avebury SN8 1RD,
Tel. 0044/1672/53 92 50, www.nationaltrust.org.uk/avebury
Avebury, Marlborough, Wiltshire, SN8 1RF,
Tel. 0044/1672/53 92 50,
www.english-heritage.org.uk/visit/places/avebury

WARMINSTER – MÜNSTERSTADT AM RIVER WERE

IM SIEBEN-HÜGEL-LAND DES TEUFELS

Warminster ist eine Kleinstadt am Rande der Cranborne Chase und der West Wiltshire Downs, einer *Area of Outstanding Natural Beauty*. Glück und Pech zugleich ist die Schnellstraße A36 nach Bath, die direkt vorbeiführt, sodass viele an Warminster vorüberrauschen. So behält der Ort aber seine charmante Beschaulichkeit.

Bereits zu Zeiten der Sachsen im 5. Jahrhundert stand hier an der Biegung des Flusses Were ein imposantes Münster, Vorgänger des heutigen St.-Denys-Münsters aus dem 14. Jahrhundert. Doch es gibt noch viel ältere Zeugnisse der Besiedelung dieser versteckten Ecke Wiltshires. Die Stadt wird von sieben Hügeln eingerahmt: Arn, Battlesbury, Cley, Cradle, Copheap, Middle und Scratchbury Hill. Auf dreien davon entdeckten Archäologen Reste von Forts aus der Eisenzeit. Der bedeutendste davon, der 240 Meter hohe Cley Hill, liegt im Westen Warminsters und wurde der Legende nach vom Teufel höchstpersönlich geformt, der mit einem Sack Erde aus Somerset nach Devizes unterwegs war, um den Ort zuzuschütten. Auf seine Frage, wie weit es bis dorthin noch sei, antwortete ein alter Mann aus Warminster, er hätte Jahre dafür gebraucht. Das war dem Teufel natürlich zu viel, so leerte er an Ort und Stelle seinen Sack mit Erde, und Cley Hill entstand.

UFOs über dem Münsterturm

In Warminister gibt es eine Reihe von historischen Attraktionen, die man in dem kleinen Ort gar nicht vermuten würde. So ist hier Großbritanniens älteste noch arbeitende Mälzerei zu Hause, außerdem das berühmte Unternehmen Dents, 1777 gegründet und bis in die Gegenwart der weltweit exklusivste Hersteller von Lederhandschuhen. Als Lieferant des Königshauses seit Georg III. hat man zum Beispiel auch jene Handschuhe gefertigt, die Königin Elisabeth II.

bei ihrer Krönung trug. Auch heute noch ist man Hoflieferant von Seiner Königlichen Hoheit Charles III. und den anderen Mitgliedern der Royals.
Rund um den Market Place findet man eine ganze Reihe schöner historischer Gebäude, die noch aus der Zeit stammen, als Warminster der bedeutendste Ort des Getreidehandels war. Und eine gewisse Berühmtheit erlangte Warminster in den 1960er- und 70er-Jahren, als es das Zentrum mysteriöser UFOs wurde, die nicht nur sichtbar, sondern auch hörbar gewesen sein sollen. Wie auch immer, auch die Außerirdischen konnten Warminster keinen Schaden zufügen, es ist eine freundliche, kleine Marktstadt inmitten lieblicher Landschaften geblieben.

Erholsam: In der Kleinstadt Warminster und ihrer Umgebung kann man wunderbar wandern, ohne von Menschenmassen bedrängt zu werden. Beschaulichkeit ist hier eine Zier.

Wanderungen im Naturpark

Dazu tragen auch die großen Grünflächen unmittelbar in der Stadt und an ihrem Rande wesentlich bei. Da ist zunächst der Stadtpark mit einem großen See, um den herum man wunderbar flanieren kann. Er wurde nach seiner Erneuerung zum Treffpunkt der Familien aus Warminster, denn er bietet außerdem ein Paddelbecken für Kinder und einen Skatepark, Tennisplätze und Minigolfanlagen. Nur einen Steinwurf entfernt befindet sich das Smallbrook Meadows Nature Reserve, das vom Wiltshire Wildlife Trust als Naturschutzgebiet unterhalten wird. Zahlreiche Wanderwege führen hier durch das Gelände, das für viele Vogelarten ein Rückzugsgebiet darstellt und zudem einer großen Zahl an Schermäusen Heimat bietet.
Auch ein Ausflug ins Tal am River Wylye mit seinen schönen kleinen Dörfern liefert Abwechslung und unerwartete Entdeckungen für Wanderer und Fahrradfahrer. In Orten wie Bishopstrow, Norton Bravant, Heytesbury, Upton Lovell oder Corton scheint die Zeit stehengeblieben zu sein. Hier stört selbst der Verkehr auf der A36 nach Bradford-on-Avon und Bath nicht mehr.

ROMANTISCHES IFORD MANOR

In einem schönen Tal, das schon von den Römern besiedelt wurde, liegt Iford Manor am River Frome, ein Herrenhaus mit herrlicher Gartenanlage von Harold Ainsworth Peto. Das Anwesen hat seine Wurzeln im Mittelalter, die klassische Fassade wurde, ebenso wie die Wälder oberhalb des Gartens, im 18. Jahrhundert hinzugefügt. Die italienisch anmutenden Gärten werden für ihre besondere Ästhetik gerühmt, der Architekt und Landschaftsdesigner Peto lebte von 1899 bis 1933 hier und schuf ein romantisches Gartenrefugium. Die Hanggärten mit ihren Terrassen, Skulpturen und Ruheorten verführen zum Träumen und können von April bis Oktober besichtigt werden. Im Juli und August finden Opernaufführungen und Jazzkonzerte statt, auch an Sonntagen gibt es in diesen Monaten Livemusik während der Tee-Konzerte.

WEITERE INFORMATIONEN

Warminster Community Hub, Central Car Park, Warminster, Wiltshire BA12 9TB, Tel. 0044/1985/218548, www.warminstercommunityhub.co.uk
Iford Manor Estate, bei Bradford-on-Avon, Wiltshire BA15 2BA, Tel. 0044/1225/863146, www.ifordmanor.co.uk

31

CAEN HILL – AUF DER ALTEN WASSERSTRASSE

SCHLEUSE AUF, SCHLEUSE ZU, SCHLEUSE AUF …

Wer seine Freizeit auf dem Wasser verbringt, bewegt sich in der Regel gemächlich voran und genießt die Langsamkeit. Kapitäne, die ihr Hausboot durch die Caen Hill Locks steuerten, brauchten eine Extraportion Geduld. Das Schleusensystem ist ein beeindruckendes Zeugnis der Kanalbaukunst am Kennet-und-Avon-Kanal.

Der Kennet & Avon Canal durchfließt das nördliche Wiltshire und stellt mit den 16 aufeinanderfolgenden Schleusen bei Caen Hill eine besondere Herausforderung für jeden Freizeitkapitän dar. Dieses besondere Schleusensystem ist natürlich das längste seiner Art in ganz Großbritannien. Es umfasst insgesamt 29 Schleusen, die auf einer Strecke von nur rund drei Kilometern einen Höhenunterschied von 72 Metern überwinden. Selbst geübte Hausbootkapitäne brauchen ein paar Stunden, um diese Schleusentreppe zu durchfahren. Geduld und Augenmaß ist hier gefragt.

Es ist sicher ein Traum für jeden Verkehrsstrategen, der in einem Land lebt, das von zwei Meeren umgeben ist, beide Küsten mit einer durchgehenden Wasserstraße verbinden zu können. In Südengland kamen sich die Themse und der Avon ja schon sehr nahe, also lag es auf der Hand, beide mit einem Kanal zu verbinden und somit den Bristol Channel und die Keltische See mit der Themsemündung und dem Ärmelkanal zusammenzuführen. Ende des 18. Jahrhunderts erhielt dann eine private Gesellschaft die königliche Erlaubnis für den Bau eines Kanals, der in West-Ost-Richtung vom Avon bei Bath zum Kennet bei Newbury führen sollte. Diese auch wirt-

schaftlich bedeutende Kanalverbindung wurde schon im Jahr 1810 fertiggestellt – eine wahre Meisterleistung des Kanalbauingenieurs John Rennie.

Die 29 Schleusen von Caen Hill am Kennet-und-Avon-Kanal erfordern von allen Kapitänen hohe Aufmerksamkeit und ein gehöriges Maß an Geduld – auch Kommentatoren gegenüber.

Erfolg und Konkurrenz der Systeme

Aber wie das auch heute noch ist, so gibt es bei derartigen Großprojekten auch Gegner und Neider. Ob der Waren- und Güterverkehr auf der Straße, auf dem Wasser oder der Schiene vonstatten geht, ist natürlich auch eine Frage der Kosten. Überwiegend Kohle und Baumaterial wurden 1820 auf der Wasserstraße transportiert, und das von Bath nach Newbury in nur dreieinhalb Tagen, somit schneller und preiswerter als auf der Straße. Konkurrenz belebt das Geschäft, manchmal führt es aber auch dazu, dass sich der Große den Kleinen einverleibt. So geschehen rund 30 Jahre später, als die Great Western Railway Company für 210 000 Pfund den gesamten Kanal aufkaufte und es dann tunlichst vermied, den Frachtverkehr auf der Wasserstraße zu fördern. Er hielt sich zwar noch rund 100 weitere Jahre, bis 1948, als die letzte Fracht durch die 16 Schleusen bei Caen Hill geschifft wurde, und sollte dann in den 1950er-Jahren aufgrund seines schlechten Zustandes geschlossen werden.

Boat, bike or boot

Zum Glück gab es viele Kanal-Enthusiasten, die für eine umfassende Restaurierung kämpften. Von 1960 an wurde über eine Zeitspanne von 30 Jahren der Kennet and Avon Canal gereinigt und erneuert, sodass im Jahr 1990 Queen Elizabeth II die Schleusen von Caen Hill offiziell wieder eröffnen konnte. Heute kann man die gesamte Anlage auf drei Arten erleben: »boat, bike or boot« lautet hier das Motto. Mit einem Hausboot geht es gemütlich dahin, ebenso zu Fuß. Mit dem Fahrrad kommt man schon etwas schneller voran, trotzdem noch in einer Geschwindigkeit, bei der man das Gesamtbauwerk der Schleusenanlage, die angeschlossen Teiche als Wasserspender und die sanfte Landschaft ringsum bewundern kann. Dabei geht es nicht nur um die Vergangenheit. Die Gegend an den Schleusen erhält ein Aufforstungsprogramm, ein neuer Wald wächst heran, und Streuobstwiesen mit heimischen Sorten werden den Bereich um Caen Hill noch attraktiver machen.

MIT DAMPF NACH SWINDON

Schon die langgestreckten Gebäude sehen aus wie Dampflokomotiven. Das ist auch das Thema des Steam Museum in Swindon: die Geschichte der Menschen zu erzählen, die die »Great Western Railway«-Maschinen konstruiert und gebaut haben, und all jener, die damit durchs Land gereist sind. Und natürlich die Lokomotiven und ihre diversen Waggons zu zeigen in ihrer ganzen polierten Pracht. Der Besuch des »Steam« ist ein wahres Erlebnis, zumal am 21. August 2018 ein weiteres Juwel der Dampflokomotiven-Geschichte seinen Weg zurück an seinen Ursprungsort gefunden hat. Die »GWR 2-8-0 locomotive Class 2800 Nr. 2818« feierte ihr *homecoming*. Die Lokomotive aus edwardianischer Zeit kehrte aus dem National Railway Museum in York zurück an den Ort, an dem sie gebaut wurde, und bereichert die großartige Sammlung.

WEITERE INFORMATIONEN

Canal River Trust, Caen Hill Locks, Car Park P&D, The Locks, Rowde, Devizes, Wiltshire SN10 1QS, Tel. 0044/303/040 40 40, https://canalrivertrust.org.uk

Steam Museum of Great Western Railway, Fire Fly Avenue, Swindon, Wiltshire SN2 2EY, Tel. 0044/1793/46 66 46, Mo–Sa 10–17, So 11-16 Uhr, www.steam-museum.org.uk

ISLE OF WIGHT – SPASS AN ALTEN BUSSEN

EIN TICKET NACH RYDE, BITTE!

Die Isle of Wight gilt als eine Art Mini-Südengland, vereint die Insel doch alle Landschaften, von Kreideklippen über goldfarbene Sandstrände bis hin zu kleinen Dörfern mit Fachwerkhäusern, die typisch für den Süden sind. Hinzu kommt ein verstecktes Busmuseum in Ryde, ein Kleinod zur britischen Verkehrsgeschichte.

So richtig populär wurde die Isle of Wight, als Queen Victoria (1819–1901) Osborne House bei Cowes am östlichen Ufer des Medina River 1845 zu ihrer Sommerresidenz auserkor. Schon in ihrer Kindheit hatte sie hier glückliche Tage verlebt, nun wollte sie einen Sommersitz für ihr ganzes Leben. Seitdem strömen die Besucher in Scharen auf die Insel, weil sie dort nicht nur eine große Vielfalt an Freizeitaktivitäten angeboten bekommen, sondern weil sie trotz des in den Sommermonaten heftigen Andrangs auf den Fähren auf der Insel selbst immer wieder ein ruhiges Plätzchen finden. Die Gäste verteilen sich schnell, nur während der berühmten Segelregatta Cowes Week und dem Isle of Wight Festival kann man dem Besucherandrang nicht entgehen, ob man will oder nicht.

Zeit und Raum, um zu entspannen, findet man ausreichend: an den langgezogenen Sandstränden um Ryde im Norden, bei Sandown und Shanklin im Westen, an der Compton Bay im Südwesten und beim Flanieren in den Häfen von Yarmouth und Cowes. Da heute aber bekanntlich ja aktives Erholen angesagt ist, gehören Ausflüge in die Inselgeschichte zum Programm eines jeden, der nicht nur in der Sonne braten will. Erste Anlaufstation ist dabei Osborne House, der viktorianische Palast am Meer. Hier verbrachte Queen Victoria mit ihrem Gatten Prinz Albert von Sachsen-Coburg-Gotha und der großen Familie die Sommerferien. »Es ist unmöglich, sich ein schöneres Fleckchen Erde vorzustellen«, lobte sie einst das Anwesen. Man muss ihr Recht geben, die italienisch anmutende Villa mit

Blick auf die Kreidefelsen an der Westküste der Isle of Wight (gegenüberliegende Seite). Auch Osborne House, einst Sommerresidenz Queen Victorias, ist sehenswert (links). Die Dörfer der Insel, wie hier Godshill, sind geprägt von idyllischen Cottages und Fachwerkhäusern (unten).

den beiden Campanilen, der Loggia, dem Springbrunnen und den Gärten, der weit schweifende Blick über die Meerenge Solent, die gelassene Heiterkeit, die über allem liegt: Osborne House ist ein südländisches Arkadien am Nordzipfel der Isle of Wight, wie es anmutiger nicht sein könnte. Auch die prunkvollen Royal Apartments, der große Bankettsaal mit seinem indischen Dekor und das Schlafgemach der Königin, in dem sie 1901 verstarb, können besichtigt werden.
Und in Newport, der Hauptstadt der Isle of Wight, die tatsächlich im Zentrum der Insel liegt, kann man sich an der südwestlichen Peripherie der Stadt die malerische Burg Carisbrooke Castle anschauen. Schon die Römer ließen hier eine Verteidigungsanlage errichten, berühmt wurde der Ort als königliches Gefängnis für Charles I., der hier eingekerkert wurde, bevor man ihn hinrichtete. Die Gärten im Edwardian Style, von keinem Geringeren als dem berühmten Gartendesigner und Fernsehmoderator Chris Beardshaw entworfen, und die zahmen Esel auf dem Gelände stimmen da schon friedlicher.

Lachen mit Donald

Äußerst entspannt geht es auch in Ryde zu, der mit rund 30 000 Einwohnern größten Stadt der Isle of Wight. Zwei Fähren von Portsmouth und Southsea legen hier an und bringen zusätzlich Tagesgäste herüber, die zum Sonnenbaden an den goldgelben Sandstränden östlich der Stadt herüberkommen. Ryde quillt über vor Cafés, Pubs, Vergnügungs- und Shoppingmeilen, dass es einmal ein Fischerdorf war, ist kaum mehr zu spüren. Immer beliebter wird auch der farbenfrohe Ryde-Karneval Anfang September, der von sich behauptet, der älteste Karneval des Vereinigten Königreichs zu sein, geht er doch auf das Jahr 1888 zurück.
Einiges zu lachen bekommt man auch im Donald-McGill-Postkartenmuseum in der Union Street. Der gute Donald hat von 1904 bis 1962 über 12 000 Postkartenmotive entworfen, in einer Zeit, als es noch zum guten Ton gehörte, Grüße per Schneckenpost statt Megabytes zu verschicken. Seine witzigen Karten nehmen oft die Seebad-Gäste auf den Arm, so etwa den Gentleman mit Schirm und Melone, der am Strand spazieren geht und dem Teufel begegnet. Dieser fragt ihn: »Weißt du, wer ich bin?«

MIT DAMPF ÜBER DIE INSEL

Am 31. Dezember 1966 war Schluss mit dem Kohleschaufeln. Die letzte Dampflokomotive schnaufte von Shanklin nach Ryde, ein wenig verspätet, wie die Chronisten verzeichneten. Damit ging eine Ära zu Ende, die 1862 mit der ersten Fahrt von Cowes nach Newport begann. In der Eisenbahnblütezeit der Insel gab es ein 88 Kilometer langes Schienennetzwerk, heute existiert nur noch eine Linienverbindung von Ryde nach Shanklin, elektrifiziert selbstverständlich. Nur noch? Weit gefehlt, denn schon 1971 gründeten Eisenbahn-Enthusiasten die Isle-of-Wight-Steam-Railway-Gesellschaft. Sie reparierten, konservierten und setzten einige Loks wieder unter Dampf, nahmen die Strecke von der Smallbrook Junction zur Wotton Station und mit der Havenstreet Station den zentralen Bahnhof samt Museum wieder in Betrieb.

WEITERE INFORMATIONEN

Isle of Wight Bus & Coach Museum, The Bus Depot, Park Road, Ryde, Isle of Wight PO33 2BE, Tel. 0044/1983/567796, 10–16 Uhr, www.iwbusmuseum.org.uk

Isle of Wight Steam Railway, The Railway Station, Havenstreet Main Road, Havenstreet, Ryde, Isle of Wight PO33 4DS, Tel. 0044/1983/882204, www.iwsteamrailway.co.uk

Das sehenswerte Verkehrsmuseum in Ryde ermöglicht eine Zeitreise in die Verkehrsgeschichte der Insel. Aus manchem Oldtimer will man gar nicht mehr aussteigen (rechts).

»Natürlich weiß ich das. Ich habe schließlich deine Schwester geheiratet.«
Auch unter eingeschworenen Beatles-Fans hat Ryde seinen festen Platz, gilt doch der 1965 erschienene Song *Ticket to Ride* als versteckte Reminiszenz an das Seebad und doppeldeutiges Wortspiel. Paul McCartney selbst gab ein British-Railway-Ticket nach Ryde auf die Isle of Wight als Inspirationsquelle für das Lied an, das als erster Heavy-Metal-Song in die Musikgeschichte einging.
Zwischen Ryde und Sandown liegt das kleine Städtchen Brading, etwas weiter südlich die Brading Roman Villa mit großartigen Fußbodenmosaiken, die 1880 von einem örtlichen Farmer entdeckt wurden. Darunter befindet sich ein Mosaik in Menschengestalt mit einem Vogelkopf, das den Forschern bis heute Rätsel aufgibt.

Busse, Bier und Wandertage

Für manchen ist es ein Rätsel, wie man sich ausgerechnet für Oldtimer-Omnibusse interessieren kann. Diese Ansicht ändert sich schnell, wenn man das Isle of Wight Bus & Coach Museum in Ryde besichtigt hat. Was hier an historischen Fahrzeugen versammelt ist, setzt jeden in Erstaunen, ob er nun Busfan ist oder nicht. Plötzlich erinnert man sich, wie es in der Jugend war, im Schulbus um einen Sitzplatz zu kämpfen, mit dem Kleinbus zum Fußball-Auswärtsspiel kutschiert zu werden und an diverse schüchterne Versuche auf der Rückbank, der Angebeteten näherzukommen, die Hupe, die Fensterscheiben, die Dachverglasung… und nebenbei erhält man kostenlos eine Einführung in die Verkehrsgeschichte, als Busreisen mehr bedeutete als nur von A nach B zu gelangen.
Das Bus-Oldtimermuseum wurde 1997 eröffnet, zunächst in Newport, heute liegt es in einem ehemaligen Busdepot in Ryde. Es zeigt mehr als 20 historische Fahrzeuge und viele Utensilien aus der Omnibuswelt und ihrer Fahrer. Das älteste Fahrzeug ist ein »Civility Stage Coach« aus dem Jahr 1880, darüber hinaus gibt es seltene Exemplare wie einen »Dennis Ace« von 1934 zu sehen. Auch die Veranstaltungsangebote mit den fahrbereiten Museumsbussen wie das »Classic Busses, Beer and Walk Weekend« sind ein besonderes Vergnügen. Wobei diese Aufzählung und ihre Reihenfolge durchaus ernst zu nehmen sind. Nach der Ausfahrt und einem Drink darf auch gewandert werden.

22
HALLE AUX VINS
3267
197
S.V.O.C.
DANGER TREE CUTTING

33

ARRETON – IN EINER UNTERGEGANGENEN WELT

DAS MEER GIBT, DAS MEER NIMMT

Eine Insel wie die Isle of Wight hat natürlich eine große Seefahrtgeschichte vorzuweisen. Neben zwei maritimen Museen in Cowes gibt es in der Inselmitte in Arreton ein manchmal übersehenes Museum, das sich mit der geheimnisumwitterten Welt der Schiffswracks beschäftigt.

Zweifellos gehört das 20 000 Einwohner zählende Cowes an der Mündung des Medina-Flusses zu den Top-Destinationen für Segelsportliebhaber. Es vergeht hier kaum eine Woche während der Saison ohne eine Segelregatta, ein Jacht- oder Powerboot-Rennen. Während der Cowes Week, der ältesten und größten Regatta der Welt, treffen sich mehr als 1000 Segelboote, 8500 Segler und 100 000 Besucher zu den Wettbewerben. Der Hafen und die ganze Stadt gleichen dann Anfang August einem einzigen Meer aus Segeln und Seglern.

Der Royal Yacht Squadron von Cowes zählt zu den exklusivsten Segelclubs der Welt, er richtet die Cowes Week aus und zählt unter seinen Mitgliedern Persönlichkeiten der High Society. Alle zwei Jahre findet hier auch der Admiral's Cup statt. Und Wind-, Kitesurfer und Wakeboarder haben Brook Chine an der Compton Bay als ihr Paradies auserkoren. Ihre waghalsigen Surf- und Flugmanöver am westlichsten Punkt der Insel, rund um die Kalksteinformationen der Needles und den Leuchtturm, lassen schon beim Zuschauen den Atem stocken. Die Regatta-Gäste verteilen sich dann schnell wieder in alle Himmelsrichtungen. Ausreichend Zeit und Raum zur Entspannung findet man an den langgezogenen Sandstränden um Ryde im Norden, bei Sandown und Shanklin im Osten, an der Compton Bay im Südwesten und beim Flanieren am Hafen von Cowes.

Es ist schon erstaunlich, was sich so alles aus Schiffswracks an die Oberfläche befördern lässt. Und auch das Strandgut ist schier unerschöpflich. In die versunkenen Welten führt die Besucher das Shipwreck Centre auf der Isle of Wight (links).

Maritime Museen

Das Zuschauen bei den weltbekannten Regatten und womöglich auch die eigene wassersportliche Betätigung wecken die Lust, mehr zum Thema zu erfahren. Erste Anlaufstation ist dabei das Classic Boat Museum, in dem historische Jachten und Schnellboote gezeigt werden. Mit dem Max Aitken Museum in der High Street 83 hält Cowes ein weiteres Museum bereit, das einen Besuch wert ist. Im Haus von Sir Max Aitken, Pilot, Politiker und Gründer der London Boat Show, gibt es einzigartige Sammlerstücke der Seefahrtgeschichte zu sehen. Dabei ist schon das Gebäude aus dem 18. Jahrhundert, direkt am Wasser gelegen, ein mit der Seefahrt eng verbundener Ort: Hier waren einst die berühmten Jacht-Segelhersteller Ratsey & Lapthorn zu Hause. Im Jahr 1947 erwarb und restaurierte Sir Max Aitken das Gebäude und richtete ein sehenswertes Museum mit persönlichen Stücken zur Nautik, Navigation und Seefahrt ein, darunter mehrere Exponate zu Lord Nelson, so zum Beispiel ein Gemälde von James Edward Buttersworth (1817–1894), dem berühmten englischen Maler, der die Schlacht von Trafalgar festgehalten hat.

Die geheimnisvolle Welt der Wracks

Die Krone aber gebührt dem Shipwreck Centre & Maritime Museum in Arreton in der Inselmitte. Seit den 1960er-Jahren tauchte der Gründer des Museums, Martin Woodward, bereits in den Gewässern rund um die Isle of Wight. Was der professionelle Wrack-Taucher dort so alles zu Gesicht bekam, inspirierte ihn zur umfangreichsten Sammlung von Gegenständen zum maritimen Erbe der Insel. Im Jahre 1978 eröffnete er in Bembridge ein Museum, das im Lauf der Zeit so anwuchs, dass er 2006 in ein noch größeres in Arreton Barns ziehen konnte. In drei Galerien werden dort einzigartige Funde aus der untergegangenen Welt der Wracks gezeigt, von Galionsfiguren, Navigationsgeräten und Münzfunden bis zu historischen Tauchanzügen.

QUELLE NAHE DER FRESHWATER BAY

An der Südwestküste der Isle of Wight liegt der hübsche kleine Ort Brighstone an einem Küstenabschnitt, der als *Area of Outstanding Natural Beauty* klassifiziert ist. Diese Bezeichnung trägt er zu Recht, kann man hier doch wunderbare Küstenwanderungen unternehmen mit herrlichen Ausblicken auf Meer und Land. Etwas weiter westlich liegt die Freshwater Bay, deren Name mit den historischen Steinzeichnungen in Verbindung steht, die man bei Brighstone gefunden hat: Denn dort, in der Nähe des Three Bishops Inn, findet man die Steinzeichnung einer Galeere, die aus dem 17. Jahrhundert stammt. Man nimmt an, dass sie von Piraten als Wegweiser benutzt wurde, der zur nächsten Frischwasserquelle führen sollte. Und tatsächlich zeigt das Schiff in jene Richtung, in der es einen Kilometer weiter nördlich der Bucht auf einem Feld eine Quelle mit frischem Wasser gibt.

WEITERE INFORMATIONEN

The Shipwreck Centre & Maritime Museum, Arreton Barns Craft Village, Main Road, Arreton, Isle of Wight PO30 3AA, Tel. 0044/1983/53 30 79, https://museum.maritimearchaeologytrust.org
Visit Isle of Wight, The Museum of Island History and Visitor Centre, Guildhall, High Street, Newport, Isle of Wight PO30 1TY, www.visitisleofwight.co.uk

BRISTOL, BATH, SOMERSET, DORSET

Große Geschichte auf dem Weg in den Westen

Einzigartige Formation: die aus Kalkstein geformte Felsbrücke Durdle Door an der Jurassic Coast

34

CLIFTON – BUNGEE-JUMPING VON DER BRÜCKE

IMPOSANTE KETTENBRÜCKE

Jede Großstadt hat heute ihre Vorzeigeviertel. In Bristol ist das neben dem Hafenbereich der Ortsteil Clifton, der sich den Hügel hinaufschlängelt und mit der Suspension Bridge ein unübersehbares Wahrzeichen besitzt. Vor allem aber die noblen Häuser und Villen verleihen dem Ort ein besonderes Flair.

Die Weitsicht von Clifton Village aus über das Tal und den River Avon, der sich durch die tiefe Schlucht unter der Suspension Bridge hindurchschlängelt, ist einzigartig. Von hier oben schaut man entspannt und gelassen auf das lebhafte Treiben unten in Bristol hinab, wie es schon die reichen Kaufleute im späten 18. Jahrhundert taten. Deshalb wählten sie auch diesen Platz aus, um ihre Herrenhäuser zu bauen, selbstverständlich weit ab vom Lärm, dem Schmutz und den Gerüchen des Hafens.

Geheime Gesellschaften

Gleich ein ganzes Resort sollte entstehen, das mit Bath konkurrieren konnte. Zumindest mit der sichelförmigen Häuserreihe Royal York Crescent ist das gelungen, die noch größer und imposanter ausgefallen ist als ihr Pendant in Bath. Der noble Stadtteil westlich der Universität beginnt am Clifton Triangle und endet in Clifton Village. Die georgianischen Häuser und die herrliche Aussicht sind aber nicht das einzige Lockmittel, denn von der Park Street bis zur Whiteladies Road zieht sich eine bunte Mischung aus Bars und Restaurants, Pubs, Secondhandläden und Boutiquen durch das Viertel. Hier herrscht eine entspannte Atmosphäre, geprägt von Historie und Modernität, von Einkaufs- und Flanierlust.
In Clifton und Bristol gibt es drei ehrwürdige Gesellschaften, die auf alten Traditionen beruhen und die längst ihren einst geheimnisumwitterten Ruf abgelegt haben. Die aus der mittelalterlichen Kaufmannsgilde hervorgegangene »Society of Merchant Venturers« mit Sitz in Clifton, gegründet 1552, kümmert sich heute vor allem um wohltätige Pro-

jekte in der Kinder- und Jugendbildung. Der Bund »The Ancient Society of St. Steph's Ringers« geht auf das Jahr 1620 und die Glöckner der Kirchengemeinde zurück. Man sagte ihm lange Zeit nach, Geheimtreffen abzuhalten und wilde Gelage zu feiern. Ob das nur eine üble Nachrede war oder ob es die Glöckner einst wirklich richtig krachen ließen, wird wohl ein gut gehütetes Geheimnis bleiben. Und die »Bristol Savages«, gegründet 1904 als Bund der Künstler und Schauspieler, treffen sich noch heute mit ihren 67 Mitgliedern der Roten, Blauen und Grünen Federn regelmäßig im Wigwam des Red Lodge Museum, um ihre Abende zu zelebrieren. Auch diese finden nicht mehr an geheim gehaltenen Orten statt, sondern sind bekannt und nicht zuletzt ein Anziehungspunkt für Schaulustige und an der Lokalgeschichte interessierte Zeitgenossen.

Die Brücke über den Fluss Avon wirkt noch imposanter, wenn am Tag des Ballonfestivals farbige Punkte in den Himmel gesetzt werden (links). Clifton ist durchaus ein moderner Ort, auch wenn es einige Retro-Läden zu entdecken gibt (unten).

Geburtsort des Bungee-Jump

Die Einwohner nennen sie »eine der großartigsten Brücken der Welt«. Auch wenn man mit Eigenlob im Allgemeinen ja etwas vorsichtig sein sollte, im Falle der Clifton Suspension Bridge kann man die Zweifel über Bord beziehungsweise von der Brücke werfen. Denn eines steht fest: Jeder, der das imposante Bauwerk von unten, von oben, von innen oder von der Seite betrachtet, ist von seiner dynamischen Eleganz beeindruckt. Die Kettenbrücke hat eine Gesamtlänge von 414 Metern, ihre Stützweite beträgt 214 Meter, und sie schwebt 75 Meter über dem Fluss Avon. Isambard Kingdom Brunel, William Henry Barlow und John Hawkshaw waren die Architekten und Designer, die sie von 1836 bis 1864 errichteten. Im Jahr 1979 wurden hier die ersten modernen Bungee-Sprünge gewagt. Ein faszinierendes Erlebnis ist die von Ostern bis Oktober mögliche »Hard Hat Tour«, auf der man die unterirdischen Gänge und mächtigen Gewölbepfeiler der Brücke, die erst 2002 entdeckt wurden, erkunden kann.

LIFTING IM LIDO

Mit dem Revuetheater in Paris hat das Lido in Bristol nur wenig gemein. Auch wenn das Pariser Varieté in einem ehemaligen Schwimmbad errichtet wurde, geschwommen wird dort schon lange nicht mehr. Und der Oakfield Place im Stadtteil Clifton ist auch nicht mit den Champs-Élysées zu vergleichen, dennoch gibt es auch im Lido Bristol vorzügliche Genüsse: Im geheizten Außenpool, eingerahmt von einer georgianischen Häuserreihe, kann man sich beim *pre-dinner-swim* den richtigen Appetit holen, der danach im Restaurant im ersten Stock mit mediterraner Küche gestillt wird. Mit einem anschließenden Saunagang, einer Massage oder Spa-Behandlung verliert man schnell die überschüssigen Kalorien und flaniert wie ein frisch geliftteter Promi die Champs-Élysées entlang, pardon, die Queens Road in Clifton natürlich.

WEITERE INFORMATIONEN

Clifton Suspension Bridge, Bridgemaster's Office, Bridge Road, Bristol BS8 3PA, Tel. 0044/117/974 46 64, www.cliftonbridge.org.uk

Bristol Lido, Oakfield Place, Clifton, Bristol BS8 2BJ, Tel. 0044/117/933 95 30, Schwimmhalle, www.lidobristol.com

BRISTOL – GANZ IM JETZT UND JENSEITS

BRUNEL, BANKSY UND EIN FRIEDHOF

Bewegte Piratengeschichte, Sklavenhandel, großer Industriehafen: Man kann sich ein besseres Image für eine Stadt vorstellen. Das heutige Bristol kommt noch immer geschäftig daher, aber wesentlich freundlicher als in seiner Blütezeit im 17. und 18. Jahrhundert. Da erlangt selbst ein Friedhofsgelände Ausflugszielcharakter.

Die maritime Geschichte Bristols reicht bis ins 11. Jahrhundert zurück, als man lebhaften Seehandel mit Irland betrieb. Die Anglo-Saxon Chronicle von 1051 belegt bereits die Bedeutung des Hafens in Bristol. Auch heute noch spielen sie und Isambard Kingdom Brunel (1806–1859) eine große Rolle. Der Ingenieur baute mit der »SS Great Britain« und der Hängebrücke über den Avon (siehe Kapitel 34) zwei Wahrzeichen der Stadt, die man sich, auch wenn man auf der Suche nach ihren unbekannten Ecken ist, nicht entgehen lassen sollte. Denn beide verdeutlichen, dass auch in der Vergangenheit Bristol ein bedeutender Wirtschaftsstandort war, an dem man Neuem gegenüber aufgeschlossen und bereit war, Wagnisse einzugehen, um sie zu bestehen.

Heute ist die Universitätsstadt Bristol das wichtigste Einkaufszentrum des englischen Südwestens, mit über 500 Läden, zwei überdachten Shoppingcentern – darunter der imposante Cabot Circus mit seinem großen Glasdach – und allein mehr als 50 Cafés, die zum Verweilen einladen. Die Fußgängerzonen rund um den Hafen, ein großes Kinozentrum oder die Konzerthalle Colston Hall, die gerade umfassend renoviert und ausgebaut wurde: In Bristol, der nach London zweitgrößten Stadt Südenglands, kommt keine Langeweile auf, werden wieder wie in den 90er-Jahren Trends in der Mode-, Musik- und Kreativbranche gesetzt. Verschiedene Hafenrundfahrten mit der Bristol Ferry Boat Company gehören natürlich auch zum Unterhaltungs- und Kulturangebot. Die in Bristol gebauten Schiffe genossen Weltruf, wurden sie doch wegen der geografischen Lage und der extremen Ebbe- und Flutbedingungen des River Avon aus den besten Materialien und von den besten Ingenieuren konstruiert und gebaut. Aber auch eine Hafentour mit einer kleinen Barkasse wie der »Emily« macht Spaß und zeigt Bristol in seiner ganzen maritimen Fülle. Dabei wird natürlich auch so manches Seemannsgarn gesponnen, in dem aber meistens ein Kern Wahrheit enthalten ist.

Skurriles und Geheimnisvolles

Echt schrullig zeigt sich Bristol am St Nicholas Market in der Altstadt, wenn sich die unabhängigen Einzelhändler der Stadt versammeln und ein buntes Gemisch an Trend-Klamotten, Kunsthandwerk und Slow Food anbieten. Spannend-skurril ist auch ein Bristol »Pirate Walk« mit Pirat Pete. Der einstündige Spaziergang führt durch das historische Hafenviertel, einschließlich durch so manche Spelunken, in denen sich legendäre Piraten wie Long John Silver und Blackbeard herumgetrieben haben. Man sollte dabei die Augen allerdings auch offen halten und links und rechts in die Ecken schauen. Nicht etwa weil ein Piratenüberfall droht, aber vielleicht erhascht man in einem Hinterhof einen Blick auf Banksy, jenen weltberühmten Graffiti und Street Artist, der aus Bristol stammen soll, aber seine genaue Identität bis heute geheim halten konnte. Vielleicht weiß ja auch Pete, wer er ist und wo er sich gerade aufhält, um ein neues Wandgemälde zu gestalten.

Arnos Vale, viel mehr als ein Friedhof

Das wird sicher nicht der Ort sein, zu dem es oft Touristen verschlägt, zumal ein Graffito der Würde dieses Platzes nicht gerecht würde: Die Rede ist von Arnos Vale, einem grünen Areal von rund 18 Hektar Größe südöstlich des Stadtzentrums. Das faszinierende Gebiet um einen viktorianischen Friedhof, mit Wanderwegen durch Wälder und Wiesen, wird heute auch für Hochzeiten und Veranstaltungen genutzt. Zugleich erzählt es viel über die Geschichte der Stadt und trägt so zu einem wichtigen, wenn auch beinahe geheimen Kulturerbe Bristols bei. Königin Victoria hatte erst zwei Jahre zuvor den Thron bestiegen, als mit Arnos Vale ein Friedhof-Garten in Bristol seine Pforten öffnete, der aus der Not geboren wurde. Zu jener Zeit waren die Friedhöfe der Stadt völlig überfüllt und gerieten zur Bedrohung für die Gesundheit der Bevölkerung. Es musste eine Alternative her, die man südlich des Flusses in Brislington fand. Die Pläne sahen vor, ein großes, helles Gelände mit viel Grün zu gestalten, durch das frischer Wind wehte und das sich in seiner Architektur an klassischen griechischen Vorbildern orientierte. Funktional, schön und zugleich eine Lösung für die öffentliche Gesundheit: Arnos Vale passte in die Strategie jener Zeit, englischen Großstädten eine moderne Infrastruktur mithilfe der örtlichen Handwerker und Betriebe zu verschaffen, mit sauberem Wasser, frischer Luft und grünen Erholungsgebieten.

In der Regel gehört der Besuch eines Friedhofs nicht zu den bevorzugten Urlaubsaktivitäten. Arnos Vale (rechts) in Bristol sollte man sich trotzdem ansehen, nicht nur wegen der interessanten Grabinschriften.

ADT

Kunstvoll: Die Wandmalereien von Banksy sind inzwischen weltberühmt. Seine Identität liegt immer noch im Verborgenen, angeblich soll er aus Bristol stammen. Seine Bilder erzählen spannende Geschichten.

Die Ewigkeit spüren

Die erste Person, die auf diesem neuen Friedhof in der Natur beerdigt wurde, war dann auch Mary Breillat, die Gattin jenes Mannes, der die Gaslaternen-Beleuchtung nach Bristol brachte. In den folgenden Jahrzehnten wurde der Ort immer beliebter, und so findet man dort die Gräber der Industriellen, Soldaten und Philanthropen der viktorianischen Zeit in Bristol zusammen mit Zehntausenden anderen. Anfang des 20. Jahrhunderts war absehbar, dass selbst diese letzte Ruhestätte an ihre Grenzen stoßen würde, daher wurde hier das erste Krematorium im Westen Englands errichtet. Bis zu den 1980er-Jahren wurde Arnos Vale die letzte Ruhestätte für über 300 000 Menschen.

Der griechische Philosoph Heraklit sagte einmal: »Die Lebenden und die Toten, die Wachen und die Schlafenden, die Jungen und die Alten sind alle ein und dasselbe.« Getreu diesem Motto wird das Gelände nicht nur als Beerdigungsstätte genutzt, sondern ist gleichzeitig ein Erholungsgebiet für die Familien der Stadt, Veranstaltungs- und Ausstellungs- und Zufluchtsort für alle, die dem Lärm der City entfliehen wollen. Eine gemeinnützige Stiftung kümmert sich heute um die Pflege des Areals, den Erhalt und die Nutzung der Gebäude wie der anglikanischen Kapelle, des »Spielman Centre«, und auch um die vielen Pfade durch wilde Ecken und Wälder, in denen die Zeit angehalten wird und wo man eine Idee von der Ewigkeit bekommt.

BRUNELS »GREAT BRITAIN«

Zwei Namen sind mit Bristol untrennbar verbunden: »SS Great Britain« und Isambard Kingdom Brunel. Der Chefingenieur der Bristol-Docks baute hier mit der »Great Britain« das weltweit erste propellergetriebene Dampfschiff mit Eisenrumpf, das den Atlantik überquerte. Es galt zu der Zeit seines Stapellaufs im Jahr 1843 als das luxuriöseste Fracht- und Passagierschiff der Welt. Vor Kap Hoorn wurde es 1886 in einem Sturm schwer beschädigt, danach diente es bis 1933 auf den Falklandinseln als Kohlelager und rostete dann in Sturm und Regen vor sich hin, bis man es 1970 nach Bristol heimholte und restaurierte. Das Besucherzentrum ist sehenswert, aber die unter Wasser begehbaren Rumpfbereiche des majestätischen Schiffes sind einmalig und bieten eine ungewöhnliche Perspektive, die jedem den Atem raubt.

WEITERE INFORMATIONEN

Arnos Vale Cemetery Trust, West Lodge, Bath Road, Bristol BS4 3EW, Tel. 0044/117/9719117, 9–17 Uhr, https://arnosvale.org.uk

Brunel's SS Great Britain, Great Western Dockyard, Gas Ferry Road, Bristol BS1 6TY, Tel. 0044/117/926 06 80, März–Okt. 10–16, Nov–Feb 10–17 Uhr, www.ssgreatbritain.org

36

BATH – DEM STERNENHIMMEL SO NAH

GESCHWISTER AUF DER SUCHE NACH DEM ALL

Eine ganze Stadt wird zum Weltkulturerbe, ein Thermalbad schmiegt sich in ein Architekturensemble mit georgianischen Häusern und Plätzen. Renaissancebauten, Römische Bäder und ein versteckter Museumsschatz, wie es ihn in Großbritannien kein zweites Mal gibt: Das Herschel Astronomie-Museum in Bath ist ein Juwel.

Die Stadt Bath mit ihren 86 000 Einwohnern liegt, eingerahmt von den Cotswolds und den Mendip Hills, am Fluss Avon und besitzt die einzige heiße Quelle des Landes. Täglich sprudeln hier in den Römischen Bädern 1,2 Millionen Liter des 46 Grad Celsius warmen Wassers mit 43 verschiedenen Mineralien aus 3000 Metern Tiefe hervor. Dieses Wasser fiel vor rund 10 000 Jahren auf die Hügelkette der Mendips nieder, versickerte bis in 4300 Meter Tiefe, erhitzte sich auf bis zu 96 Grad Celsius und bahnt sich seitdem, angereichert mit wertvollen Mineralien und Spurenelementen, durch das Kalkgestein seinen Weg nach oben. Hier in Bath bildet es die Grundlage einer prosperierenden Stadtentwicklung, zieht die Besucher in die historischen Römischen und die modernen Thermalbäder und verleiht der Stadt den Charakter eines vornehmen Kurortes.

Nash, Allen und Wood

Drei Persönlichkeiten verdankt Bath im 18. Jahrhundert seinen Aufstieg zu einer der bedeutendsten Kurstädte in Europa: Richard »Beau« Nash (1674–1762) schwang sich zum Zeremonienmeister der feinen Gesellschaft auf, der vermögende Ralph Allen (1694–1764) kaufte die umliegenden Steinbrüche, und zusammen mit dem Architekten John Wood

(1704–1754) verwirklichten sie ihre Vision einer goldgelb glänzenden Stadt wie zu Zeiten eines Kaisers Augustus. Das ist ihnen eindrucksvoll gelungen, noch immer betritt man den Stadtkern und empfindet einen Zeitensprung, so authentisch und in sich geschlossen erscheint das gesamte Gebäude-Ensemble, durch das man wie im Traum schlendert.

Bescheidene Entdecker

Aber es hat in Bath neben den genannten noch eine weitere bedeutende Persönlichkeit gelebt und gearbeitet, die oft ein wenig zu kurz kommt, dabei haben wir ihr große Entdeckungen zu verdanken. Nicht nur das Wissen um die Existenz der Infrarotstrahlung verdanken wir William Herschel, auch den Planeten Uranus entdeckte er 1781, die beiden Monde Titania und Oberon 1787. Im Jahr 1797 beschrieb er als Erster das Ringsystem des Uranus. Das Haus in der King Street, in dem er mit seiner Schwester Caroline lebte, ist heute ein von außen eher unscheinbares, im Inneren aber umso interessanteres Museum, das die Welt der Herschels lebendig werden lässt.
Denn der 1738 in Hannover geborene Friedrich Wilhelm Herschel war ein Multitalent, auch ein großartiger Musiker und Komponist, er spielte und leitete das Bath Orchestra und wurde 1781 zum Mitglied der Royal Society of London gewählt. Er baute immer größere Teleskope und wurde bei allen wissenschaftlichen Arbeiten von seinem Bruder Alexander und seiner Schwester Caroline unterstützt, die nicht nur den Haushalt in Bath führte, sondern auch Williams Konzerte als Sängerin begleitete. Nach ihm wurde ein Mondkrater und nach seinem Sohn, Sir John Herschel, ebenso ein großer Astronom, ein Marskrater benannt. Doch auch Caroline Herschel wurde eine angesehene Astronomin, die acht Kometen und drei bedeutende Nebel entdeckte und begann, die ersten Sternenhaufen zu katalogisieren, die heute in die Deep-Sky-Erforschung einfließen. Dabei blieb sie bis zu ihrem Lebensende eine höchst bescheidene Frau, die alle ihre Entdeckungen und Erkenntnisse stets als die ihres Bruders ausgab.

Die Lichter in Bath (links) spiegeln sich wie Sterne. William und Caroline Herschel schufen hier Grundlagen der Astronomie. Auch die Römischen Bäder (unten links) geben den Blick frei auf den Himmel.

SALLYS HIMMLISCHES GEBÄCK
Einen wahren Schmaus für Augen und Gaumen findet man im ältesten Haus der Stadt Bath, das 1482 errichtet wurde und sich in einer kleinen Nebengasse der Altstadt nahezu versteckt. Hier erfand die junge französische Hugenottin Solange Luyon im Jahre 1680 ein locker-leichtes Gebäck, das als »Sally Lunn's Bun« weltberühmt wurde. Von Generation zu Generation weitergegeben, werden noch heute die leckeren Buns nach dem Originalrezept in diesem Hause gebacken, das auch ein kleines Museum im Keller bietet. Der Gastraum ist trotz der Geheimtipp-Lage meistens so gut besucht, dass man sich die Öffnungszeiten einprägen sollte, will man einen Tisch ergattern. Aber das Warten auf einen freien Platz lohnt sich, die Buns schmecken nirgendwo so gut wie hier, wenn sie frisch aus dem Ofen kommen.

WEITERE INFORMATIONEN
Herschel Museum of Astronomy, 19 New King Street, Bath BA18 2BL, Tel. 0044/1225/446865, Feb.–Dez. täglich 10-17 Uhr, https://herschelmuseum.org.uk
Sally Lunn's House, 4 North Parade Passage, Bath BA1 1NX, Tel. 0044/1225/461634, Mo–So 10-21 Uhr, www.sallylunns.co.uk

37

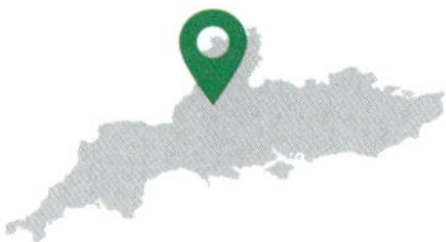

BATH – SYDNEY GARDENS

IM LIEBLINGSPARK JANE AUSTENS

Bath ist so berühmt und oft beschrieben, dass man denkt, es gibt nichts Neues zu entdecken. Doch die Verwandlung der Sydney Gardens von einem georgianischen Vergnügungspark in einen öffentlichen Park, in dem die historische Substanz erhalten wird, beweist das Gegenteil. Jane Austen würde das sicher freuen.

Die einzigartige Kombination aus Bädern, Wohlfühltempeln, historischer Architektur und interessanten Museen macht Bath zu einer Oase für Erholungsuchende. Aber es ist auch eine grüne Stadt mit vielen Parks und Gärten, in denen man Ruhe finden kann, um den Trubel des Alltags einmal hinter sich zu lassen. Mitten im Zentrum liegen die Römischen Bäder, zweifelsfrei die Hauptattraktion in der Stadt. Noch immer sprudelt die heiße Quelle, kann man auf den Steinplatten wandeln, auf denen sich schon die Römer 100 n. Chr. entspannten, und im Pump Room das Heilwasser kosten.

Als ideale Ergänzung fungiert der 2006 eröffnete Wellnesstempel des Thermae Bath Spa gleich um die Ecke. Auf dem Dach mit seinem Pool angekommen, bietet sich eine faszinierende Aussicht auf das historische Bath und seine Umgebung.

Wellness auf dem Dach

Wenn die Sonne untergegangen ist und die Nacht sich über die Renaissance-Stadt legt, gehen hier auf dem Dach dezente Lichter an und tauchen den »Rooftop Pool« unter freiem Himmel in zartblaues Licht. Die angestrahlte Abteikirche gegenüber

scheint die Badenden zu bewachen, ein Lichtpunkt im pechschwarzen Himmel. Wer in den mineralreichen, warmen Heilwassern des Thermae Bath Spa badet, fühlt sich schnell dem Himmel nahe, nicht nur weil er das oben auf dem Dach tun kann, bei Tag und bei Nacht. Er spürt die wohltuende Kraft des Wassers wie schon vor mehr als 2000 Jahren die Kelten und Römer. Und er kann im Minerva-Bad, in Aroma-Dampfbädern, bei Massagen und Thermalbehandlungen nachempfinden, warum viele Römer täglich den Gong herbeisehnten, der die Öffnung des Bades bekanntgab.

Jane Austen zog 1801 mit ihren Eltern nach Bath, das mit seinen heißen Thermalquellen damals ein mondäner Kurort war (links). Besonders gern war die Schriftstellerin in der Parkanlage Sidney Gardens unterwegs (oben).

Entspannung am Boden

Die bekannteste Park- und Gartenanlage der Stadt ist zweifellos der Royal Victoria Park, der bereits 1830 von der damals elfjährigen Prinzessin Victoria feierlich eröffnet wurde. Damit war er der Erste, der ihren Namen trug.

Aber es gibt auch eine weniger bekannte Anlage, die sicherlich ebenso einen Gong verdient hätte, selbst wenn sie ein wenig Auffrischung gebrauchen könnte: die Sydney Gardens. Das werden sie gewiss bekommen, denn es wurden mehr als 3,4 Millionen Pfund zur Restaurierung des gesamten Areals eingesammelt und freigegeben.

Doch selbst jetzt zeigt das vier Hektar große Anwesen mit dem Grundriss eines langen Sechsecks einen besonderen Charme, der sich nicht zuletzt aus seiner Geschichte speist. Er ist heute einer der am besten erhaltenen Vergnügungsparks aus georgianischer Zeit. Im Jahr 1795 eröffnet, war er darüber hinaus ein Lieblingsort der Schriftstellerin Jane Austen während ihrer Zeit in Bath. Man erreicht ihn mit einem kurzen Spaziergang vom Zentrum aus in östlicher Richtung, erfreut sich am Tempel der Minerva, dem uralten Baumbestand und kann einen Blick auf den Kennet and Avon Canal werfen, der den Park durchzieht. Auch für ein Picknick unter Schatten spendenden Bäumen mit Blick auf das historische Bath ist das Areal hervorragend geeignet. Wer dann ausreichend frische Luft geatmet hat, kann das angrenzenden Holburne Museum besuchen und die Kunstsammlungen des Sir Thomas William Holburne (1793–1874) bewundern, der mehr als 4000 Kunstobjekte, Gemälde und Bücher in seinem Leben gesammelt hat.

HINAUF IN DEN HIMMEL

Zweihundertzehn, zweihundertelf, zweihundertzwölf – geschafft! Wer die Stadt einmal aus der Vogelperspektive sehen will, muss die 212 Stufen der Bath Abbey erklimmen. Er wird dann mit atemberaubenden Blicken auf das alte und neue Bath belohnt und erfährt auch interessante Geschichten über die Entstehung der Abteikirche, die Glocken und die Turmuhr. Dabei bekommt man nicht nur den Glockenraum zu sehen, sondern kann auch bis direkt hinter das Ziffernblatt der großen Turmuhr krabbeln und sich ganz auf der Höhe der Zeit fühlen. Die Tower Tour dauert eine Dreiviertelstunde, danach steigt man hinab wie die Engel von der Himmelsleiter neben dem großen Fenster an der Westfassade, fühlt sich geläutert und bereit für die weltlichen Genüsse in Bath, die in der Altstadt auf einen warten.

WEITERE INFORMATIONEN

Parks and Green Spaces, Sydney Gardens, Lewis House, Manvers Street, Bath BA1 1JG, Tel. 0044/1225/39 68 79, www.bathnes.gov.uk
Bath Abbey Tower Tour, 11A York Street, Bath BA1 1NG, Tel. 0044/1225/30 33 15, Mo–Sa 10–16 Uhr, www.bathabbey.org/visiting/tours

TAUNTON – GRÜNES PARADIES IN HESTERCOMBE

MEISTERHAFTE ARCHITEKTEN

Die britische Leidenschaft für Parks und Gärten ist faszinierend. In der Nähe von Taunton in der Grafschaft Somerset liegt ein Garten- und Parkanwesen, das verschiedene Stile harmonisch miteinander verbindet. Hestercombe House and Gardens ist ein echter Schatz, der weitgehend im Verborgenen blüht.

Frisch gemähter Rasen, über dem der Tau liegt, duftende Blumenrabatten, die farbenprächtige Bilder vom Paradies heraufbeschwören, und Parklandschaften, durch die am Spätnachmittag langsam aufsteigende Nebelschwaden und Schafherden ziehen wie einst durch Arkadien: All das muss in Großbritannien ein gehöriges Maß an Sehnsuchtsgefühlen auslösen. Anders ist es kaum ausreichend erklärbar, warum sich auf der ganzen Welt gerade die Briten zu Gartenliebhabern par excellence entwickelt haben. Ein wenig mag auch Trotz eine Rolle spielen. Lange Zeit traute man den Briten keine kulinarischen Höhenflüge zu, zweifelte man an ihrem guten Geschmack auch bezüglich all dem, was in Gärten wächst, gedeiht und aufeinander abgestimmt sein sollte.

Sicher, da ist das milde Klima, der zumeist ausreichende Niederschlag, ohne den nichts so üppig und sattgrün heranwachsen würde. Die psychologischen Komponenten, dem Wetter zu trotzen und die Natur besser als die berühmten Gartenarchitekten der Franzosen und Italiener des 17. und 18. Jahrhunderts inszenieren zu können, spielen wohl auch eine bedeutende Rolle. Doch ist das Grund genug, sich jedes Jahr im Mai tagelang für ein Ticket zur Eröffnungsveranstaltung der Royal Horticultural Society und ihrer Chelsea Flower Show anzustellen? Grund genug für mehr als zwei Millionen Menschen, dem National Trust beizutreten, jener 1895 gegründeten altehrwürdigen Stiftung, die sich dem Erhalt des britischen Natur- und Kulturerbes verschrieben hat? In Scharen aus allen Landesteilen gen Norden zu

An einigen Stellen findet man in Hestercombe Steinmauern (links) und Terrassen, die der Gartenanlage Struktur verleihen. Aber überall gibt es auch offene Tore und einladende Pfade (oben).

strömen, um den neu eröffneten Garten der Dutchess of Northumberland zu besichtigen? Das Eden Project mit einer Summe von 76 Millionen Pfund auszustatten und eine verlassene Kaolingrube in ein futuristisch anmutendes Riesen-Gewächshausareal zu verwandeln, das mit über einer Million Besuchern jährlich zur größten Attraktion Cornwalls mutiert ist? Welch unsinnige Frage, werden die für ihren *common sense* berühmten Engländer freundlich, aber bestimmt entgegnen: Leben ist Werden und Vergehen, und was gibt es Schöneres, Wichtigeres oder Beglückenderes als die Liebe zur Natur?

Eine tiefe Leidenschaft

Die Beschäftigung mit der Flora, vom Reihenhaus-Vorgarten bis zu Hampton Court, von großartigen Arboreten wie Westonbirt in Gloucestershire bis zu königlichen Schlossgärten und adligen Herrenhaus-Parkanlagen, wurde den Briten offenbar in die Wiege gelegt. Nichts, aber auch gar nichts hält sie davon ab, selbst bei lausigstem Wetter in Gummistiefeln an den Tagen der *garden festivals* durch Nachbars Garten zu streifen und die noch so kleinste Blumenkomposition zu studieren. Und, so viel Höflichkeit muss sein, das Gartendesign ausdrücklich zu loben. Eine Faszination übrigens, die auf alle Gesellschaftsschichten gleich starke Anziehungskraft ausübt. Warum sonst verkauft der Duke of Northumberland eines seiner wertvollsten Gemälde, um mit dem Erlös die Gärten von Alnwick Castle neu zu gestalten und der Öffentlichkeit zugänglich zu machen? Mehr als eine halbe Million Besucher dankt es ihm jährlich. Und selbst jener Gartenfreund, der die Einsamkeit und Ruhe liebt, findet überall im Land versteckte Kleinode wie den ummauerten Garten von Gertrude Jekyll auf Holy Island. Auch wenn am bekanntesten britischen Gartenarchitekten Lancelot »Capability« Brown so leicht keiner vorbei kommt. Denn der hat überall dort seine Spuren hinterlassen, wo es um romantisches Parkdesign ging.

Das Element Wasser spielt in den Hestercombe Gardens eine wichtige Rolle (links). In Hestercombe House (oben) finden auch Kammerkonzerte statt, deren Wohlklang im Garten zu hören ist.

Langsam verdichten sich die Nebel, verschwinden Rhododendren, Rosenstauden und Araukarien im Dunkel der Nacht. Doch eines ist so sicher wie der neue Tag: Britische Gartenleidenschaft wird mit jedem Lichtstrahl wieder erwachen. Die Liebe zum »Englischen Garten« ist unsterblich.

Drei Jahrhunderte Gartendesign

Und diese bekommt man auch in einem Garten wie Hestercombe bei Taunton eindrucksvoll zu Gesicht. Eine Bemerkung vorweg: Auf der Suche nach Hestercombe House and Gardens sollte man sich trotz mancher Schwierigkeit mit Straßenkarte oder Navigationsgerät nicht davon abhalten lassen, die Anlage zu besuchen. Wer einmal ein braunes Hinweisschild erspäht hat, ist dem Ziel nahe und wird es dann auch sicher finden. Und sich glücklich schätzen, nicht aufgegeben zu haben, denn hier entfaltet sich auf einem 20 Hektar großen Gelände ein 300-jähriges Gartendesign von beeindruckender Eleganz. Viele Fachleute halten die formalen Gärten für das Meisterwerk der Zusammenarbeit von Gertrude Jekyll und Edwin Lutyens, verbinden sich in diesen Anlagen doch streng strukturelle Prinzipien mit kreativer und dekorativer Bepflanzung. Man wandelt durch georgianische, viktorianische und edwardianische Garten- und Landschaftsbereiche, vorbei an Teichen und Wasserfällen.

Und ewig rauscht der Wasserfall

Das Element Wasser spielt in den Hestercombe Gardens eine wichtige Rolle. Ein Verbund von kleinen Seen und Teichen lockert immer wieder die Sichtachsen auf, natürlich darf auch ein Wasserfall in dieser Komposition nicht fehlen.
Folgt man dem Terrace Walk, der hinter dem Haupthaus beginnt und der in das Waldgebiet führt, erreicht man nach kurzer Strecke den Chinese Seat, einen überdachten, schlichten Sitz, von dem aus man einen schönen Blick hat auf die Gärten, den Park und hinüber ins Vale of Taunton. Ganz in der Nähe befindet sich auch der 1762 angelegte große Wasserfall, der inzwischen ringsherum dicht bewachsen ist und mit Macht auf die Quarzgesteine zu seinen Füßen fällt. Die Sträucher, Bäume und Farne, die ihn umgeben, dämpfen sein Geräusch zu einem Murmeln, das den Besucher auf der Sitzbank im chinesischen Tempel fast in Trance versetzt. Im romantischen Zentrum der Anlage lässt man seinen Blicken und Gedanken endgültig freien Lauf und spürt jene unsichtbaren Hände von Gertrude Jekyll und Edwin Lutyens, die in Hestercombe ein Meisterwerk geschaffen haben. Und nach der Besichtigung dieses wundervollen Park- und Geländes wünscht man sich nur noch eines: Hoffentlich haben Teehaus und Gartenshop noch geöffnet.

SHEPPY'S CIDER

Apfelwein ist nicht gleich Apfelwein, das wissen nicht nur Experten. Die Qualität hängt vor allem von den richtigen Sorten, den Anbaumethoden und der Kunst des Kellermeisters ab. Wenn eine Familie über sechs Generationen hinweg Erfahrungen in der Herstellung dieses erfrischenden Getränks gesammelt hat, kann man sich mit gutem Gewissen »The Master of Cider« nennen. David Sheppy, der heutige Cider-Master, ist mit der Zeit gegangen: So gibt es nicht nur trockene, halbtrockene und liebliche Apfelweine, sondern auch Jahrgangsapfelweine, Abfüllungen aus bestimmten alten Somerset-Sorten und Verschnitte mit Holunderblüten. Und weil man nicht nur trinken, sondern auch essen muss, hat er auf seiner Farm in Bradford-on-Tone noch ein Restaurant, ein Café und einen Teeraum dazu eröffnet, wo man rundum versorgt wird.

WEITERE INFORMATIONEN

Hestercombe Gardens, Cheddon Fitzpaine, Taunton, Somerset TA2 8LG, Tel. 0044/1823/413923, 10–17 Uhr, www.hestercombe.com
Sheppy's Cider Farm, Three Bridges, Bradford-on-Tone, Taunton, Somerset TA4 1ER, Tel. 0044/1823/461233, Di–Fr 9–17, So 10–16 Uhr, www.sheppyscider.com

39

PORLOCK – VERTRÄUMT AN DER BUCHT

VON AUEROCHSEN UND KUBLA KHAN

Es gibt Ortschaften, die eine solch intensive Ausstrahlung haben, dass man sich vom ersten Augenblick an in sie verliebt. Das kleine Porlock und sein Hafen Porlock Weir am Rande des Exmoor sind solch ein Glücksfall. Hier kann man auch bei Wind und wildem Wetter die hektische Zeit vergessen und die Seele zur Ruhe kommen lassen.

Solche Hymnen sind natürlich eine subjektive Bewertung, doch auch anderen Menschen und Organisationen ist das Besondere an Porlock schon aufgefallen: Im Jahr 2009 gewann der Ort den Titel »Schönstes Dorf in Somerset«, nachdem man bereits 2003 unter 300 Konkurrenten die Auszeichnung »Schönstes größeres Dorf in Somerset« erhalten hatte. Ob groß oder klein, in beiden Begründungen tauchen zwei wichtige Faktoren auf: Jedes Mal attestierte man Porlock, ein besonderes Zusammengehörigkeitsempfinden der Bewohner zu zeigen und die gelungene Balance zwischen touristischen Bedürfnissen und den Anliegen der Einwohner herzustellen. In der Tat gelingt das noch heute, man fühlt sich in Porlock willkommen – als Gast und nicht primär als Kunde. Die vielen mit Blumen geschmückten Cottages wirken heimelig, beinahe wie in einer Puppenstube arrangiert.

Idyllische Porlock Bay

Das liegt auch an der geschützten Lage des Dorfes, denn es wird an drei Seiten von den Ausläufern und Hügeln des Exmoor eingerahmt. Mit Heidekraut bedeckte Moore, Hochebenen und Klippen scheinen den Ort geradezu umarmen zu wollen. Nur zum Meer und der Porlock Bay hin öffnet sich das hübsche Fleckchen Erde. Die Bucht ist bereits für ihr klares, sauberes Meerwasser von der Europäischen Union ausgezeichnet worden. Vielleicht liegt es am Kieselstrand, dass es hier noch keinen Massentourismus gibt. Gott sei Dank, möchte man sagen, so

bleibt es noch ein wenig länger beschaulich an der Porlock Bay. Der kleine Hafen wirkt idyllisch, selbst bei Ebbe deutet er den Lauf der Welt an, indem er Überreste eines prähistorischen Waldes freilegt. Zwischen Dorf und Hafen liegen nur ein paar Kilometer, die man leicht zu Fuß zurücklegen kann.

Der Ochse im Besucherzentrum

In der Gegend von Porlock Weir wurde im Jahre 1996 ein bedeutender Fund gemacht. Wieder einmal wütete ein furchtbarer Sturm an der Küste, der den Kies-Grat am Rand der Bucht in das dahinterliegende Marschland drückte. Dabei gab der offenliegende Schlick Hüftknochen, Rippen und Teile der Wirbelsäule eines Auerochsen frei. Die Knochen des zehn Jahre alten Bullen wurden auf das Jahr 1500 v. Chr. datiert. Zu dieser Zeit starb diese Spezies in England gerade aus, in den Wäldern Polens sollen Auerochsen sogar bis ins 17. Jahrhundert überlebt haben. Der Fund gab natürlich eine glänzende Vorlage für den örtlichen Karnevalsumzug, so baute man kurzerhand einen lebensgroßen Porlock-Auerochsen nach, der heute im Besucherzentrum einen Platz gefunden hat.

Solch eine abgeschiedene, sagenumwobene Gegend, am Rande des Exmoor und am Meer gelegen, zieht nicht nur Maler, sondern auch Poeten und Romantiker an. So waren William Wordsworth und Samuel Taylor Cooleridge hier zu Gast, um sich von wilder Natur und wogendem Meer inspirieren zu lassen. Coleridge hat dann in seinem Gedicht *Kubla Khan oder eine Vision in einem Traum* Porlock verewigt.

In Porlock bilden die kleinen Fischerboote im Hafen bei Ebbe und Flut reizvolle Farbtupfer (links). Für Fischer und Besucher ist der reetgedeckte The Ship Inn ein gemütlicher Treffpunkt (unten).

Das Gedicht über den Mongolenherrscher und seinen Palast Xanadu, 1818 veröffentlicht, blieb ein Fragment, weil die Verse dem Dichter im Traum erschienen, er jedoch von einer *person from Porlock* geweckt und aus dem Schlaf gerissen wurde. Eine traumhafte Sicht genießt man rund um Porlock auch auf den Sternenhimmel, weil nicht nur das Wasser, sondern auch die Luft hier besonders rein ist.

MALER IN DER GREAT HALL

Es gibt Museen zur Lokalgeschichte, die mit dem Begriff »Heimatmuseum« noch freundlich umschrieben sind. Es geht auch anders, das zeigt eindrucksvoll ein kleines Museum in Porlock: das Dovery Manor Museum in der High Street. Der Landsitz geht auf das Jahr 1450 zurück und weist eine bewegte Geschichte mit wechselnden Besitzern auf. Das Anwesen mit dem schönen Garten ist ein wichtiges Beispiel für ein kleines Herrenhaus des 15. Jahrhunderts, das sowohl repräsentative als auch alltägliche Funktionen erfüllen musste. Der Eingang ist ein viktorianischer Anbau, in der Great Hall findet man Gemälde und Schriften jener Künstler und Poeten, die Porlock besucht und hier gearbeitet haben. Der Eintritt ist kostenlos, eine Spende aber angebracht, denn das Haus ist es wert, erhalten zu bleiben.

WEITERE INFORMATIONEN

Porlock Visitor Centre, West End, Porlock, Somerset TA24 8QD, Tel. 0044/1643/86 3150, www.porlock.co.uk

Dovery Manor Museum, Doverhay, Porlock, Somerset TA24 8QB, Mai–Sept. Mo–So 10-16 Uhr, www.doverymanormuseum.org.uk

Die Nordküste von Somerset, wie hier bei Porlock, lädt zum Träumen ein, wenn Ginster und Heide erblühen.

EXMOOR NATIONAL PARK – WÄLDER VOLLER LEGENDEN

WILDE KÜSTEN UND STILLE MOORE

Der Exmoor-Nationalpark wurde 1954 ins Leben gerufen, bis heute zeigt er eine große Vielfalt an Landschaften sowie eine seltene Flora und Fauna. Dramatische Küsten, einsame Moore, bewaldete Hügel, kleine Dörfer und versteckte Täler machen ihn zu einem idealen Rückzugsgebiet, in dem das Wort Wildnis seine Berechtigung hat.

Wer geheime Plätze, von Menschen beinahe unberührte Natur sucht, wird im Exmoor National Park mit Sicherheit fündig. Etwa ein Drittel liegt in der Grafschaft Devon, der Rest erstreckt sich in Somerset. Ein zentrales Hochplateau, umgeben von romantischen Tälern, teilt das Gebiet in Norden und Süden. Die Flüsse Barle und Exe fließen in südliche Richtung, Lynn und Avill münden in den nördlich gelegenen Bristol-Kanal. Der höchste Ort des Nationalparks ist mit 519 Metern über dem Meeresspiegel Dunkery Beacon. Die Nationalparkbehörde hat ihren Hauptsitz am südlichen Parkende in Dulverton, dort gibt es auch ein Besucherzentrum mit nützlichen Karten und Informationen zu allen Teilgebieten und ökologischen Aspekten des Geländes. Ebenso Exford mit seinen schönen Reetdach-Häusern ist als geografisches Zentrum ein geeigneter Ausgangspunkt für Wanderungen im Exmoor National Park.

Begegnung mit dem Exmoor-Pony

Menschliche Ansiedlungen gibt es im Exmoor bereits seit der letzten Eisenzeit, heute liegen die größeren Orte wie Minehead, Lynton, Porlock und Dunster an der Küste. Im Mittelalter entwickelten sich in den Tälern und auf den Hügeln kleinere Dörfer, keltisches Erbe ging in christliche Traditionen über. Im Lauf der Jahrhunderte entstand eine Agrarkultur mit Farm-, Weide- und Heideland, Schaf- und

Ob im Valley of the Rocks oder auf einsamen Höhen, auf denen wilde Ponys grasen (oben): Im Exmoor National Park ist man allein mit unberührter Natur.

Im Exmoor Nationalpark, hier bei Allerford, stößt man immer wieder auf eine Steinbrücke und einen Gasthof dahinter, in dem man sich ausruhen kann.

Viehzucht bildete die Grundlage des Einkommens. Auf den Wanderungen begegnet man sicherlich einigen der rund 30 000 Schafe, mit etwas Glück auch Rotwild und den frei lebenden Exmoor-Ponys. Die dunkelbraunen Ponys stammen von Tieren aus der Altsteinzeit ab, werden heute aber auf einigen Farmen gezüchtet und ausgewildert, um die Rasse zu erhalten. Friedlich grasend sind sie ein wunderbarer Anblick in der Weite des Moores.

Die Leiden der schönen Lorna Doone

Abgesehen von größeren Hochmoorflächen findet man noch einige Moor- und Sumpfgegenden, allerdings ist der Nationalpark kein einziges großes Moor mehr, wie der Name vermuten lässt, Wälder machen noch zwölf Prozent der Fläche aus. Umso vielfältiger fällt die Vogelwelt aus, 200 Arten, vom Bussard über den Eisvogel bis zu Waldbaumläufern und Wanderfalken, ziehen hier ihre Bahnen – wie das auch im 17. Jahrhundert die legendäre Doone-Räuberbande im Exmoor tat. Die schöne Lorna Doone verliebte sich gegen den Willen ihres Clans in den Bauernjungen John Ridd. Vor dem Traualtar wurde sie niedergestochen, überlebte aber, und der tapfere John übte Rache. Der Roman *Lorna Doone* von Richard Blackmore (auf Deutsch: *Das Tal der Verfemten*) war in der Verfilmung ein Kassenschlager, und das Doone Valley wandelt sich langsam vom stillen, verträumten Tal zur Besucherattraktion. Obwohl man hier noch immer ruhige Ecken wie die Cloud Farm findet, auf der man campieren und Ausritte unternehmen kann.

Schroffe Klippen und charmante Orte

Auch die 54 Kilometer lange Küstenlinie des Exmoor-Nationalparks hat ihre besonderen Reize. Wellen und Stürme haben wie bei Sillery Sands außergewöhnliche Profile und Klippen geschaffen, die

sich geradezu ins Meer zu stürzen scheinen. Hier erstreckt sich auch Englands längster Küstenwald mit Eiben, Mehlbeeren und Traubeneichen. Ein charmanter kleiner Küstenort ist zum Beispiel Porlock an der gleichnamigen Bucht (siehe Kapitel 39), von seinem Hafen aus wurde einst lebhafter Handel mit Wales getrieben. Auch das alte Seebad Minehead mit seinen verwinkelten Gassen besitzt noch viktorianisches Flair, während Dunster mit der mächtigen Burganlage und dem hübschen Yarn Market an die Zeiten der Wollverarbeitung erinnert.
Das Exmoor kann auf den zentralen Hochebenen und in abgelegenen Tälern ganz schön einsam sein. Mancher denkt sich daher: Ich wähle lieber eine Unterkunft am Rande des Nationalparks, da kann an Wind und Wetter kommen, was will, ich befinde mich ja in der Nähe der »Zivilisation«. Das mag eine durchaus pragmatische und vernünftige Lösung sein. Wer beides haben will, nämlich pures Naturerlebnis und trotzdem die Annehmlichkeiten einer nahen größeren Stadt, findet solch ein Refugium schnell auf der Karte oder fragt Susanne Weichselberger von »London Bed and Breakfast«, die sich auch im Exmoor bestens auskennt.

Der Weg ist das Ziel

Die Wahl fällt auf eine Unterkunft in der Nähe von Dulverton, genauer: auf die Streamcombe Farm. Der 1500-Seelen-Ort gilt als das südliche Eingangstor zum Nationalpark und bietet eine Anzahl netter Geschäfte, die das Leben leichter machen: Anglerausrüstung, Wander- und Outdoorkleidung, Karten, Bücher und Feinkost-Lebensmittel. So weit, so gut. Jetzt noch die Farm angesteuert, und seliger Schlaf und schöne Träume am Rande der Wildnis locken. Bis das Navigationsgerät versagt und man sich auf die gute alte Straßenkarte verlassen muss. Die führt dann geradewegs in einen Feldweg hinein, an dessen Ende – hoffentlich! – die Gastgeber warten. Es geht vorbei an Wiesen und Hügeln, durch Wasserpfützen und neben Bächen dahin, die angesichts des Dauerregens langsam anschwellen und vorbeirauschen. Eine Farm? Nichts zu sehen, hinter dem nächsten Wäldchen vielleicht? Und tatsächlich, plötzlich taucht sie auf wie aus dem Nichts, ein altes Anwesen mit Scheune im Nirgendwo, das Ian und Karen Jarmarkier in liebevoller Arbeit restauriert haben. Wer einen Rückzugsort zum Abschalten gesucht hat, der findet ihn hier am Rande des südlichen Exmoor. Karen stammt aus Derby, Ian aus London, beide wollten 2008 etwas Neues beginnen und fanden diese alte Farm, aus der sie ein kleines Paradies geschaffen haben. Neben drei schicken Gästezimmern gibt es auch eine Hütte und einen Platz, um sein Zelt aufzuschlagen. Ian liefert in seiner Streamcombe Cookery Beispiele seiner Kochkunst, ein Kurs, der gerne von Paaren am Wochenende genutzt wird.

DER PFARRER UIND DER TEUFEL

Man nennt sie *Clapper Bridges*, doch an dieser Brücke im Tal des River Barle nordwestlich von Dulverton ist nichts klapprig. Tarr Steps gilt als das beste Beispiel der mittelalterlichen Steinbrückenbaukunst in Großbritannien, manche glauben sogar an eine Entstehung in der Bronzezeit oder an keltische Ursprünge. Die 55 Meter lange und aus 17 Felsblöcken bestehende Brücke ist ein imposantes Beispiel für die Fähigkeiten unserer Vorfahren. Selbst wenn es in Strömen regnet, kommt man trockenen Fußes auf die andere Seite. Hier sollen sich der Legende nach einst der Teufel und der Pfarrer getroffen und im Wortwettstreit um die Nutzung der Brücke duelliert haben. Der Pfarrer war nicht auf den Mund gefallen, wusste auf alle teuflischen Beschimpfungen eine Antwort, und so kam es, dass jeder bis heute Tarr Steps frei benutzen kann.

WEITERE INFORMATIONEN

Exmoor National Park, Exmoor House, Dulverton, Somerset TA22 9HL, Tel. 0044/1398/32 36 65, www.exmoor-nationalpark.gov.uk
Tarr Farm Inn, Tarr Steps, Dulverton, Exmoor National Park TA22 9PY, Tel. 0044/1643/85 15 07, www.tarrfarm.co.uk

41

SHEPTON MALLET – GESCHICHTE HINTER GITTERN

GEFANGEN IN DER PARTYSTADT

Das rund 10 000 Einwohner zählende Marktstädtchen Shepton Mallet gilt als das südliche Tor zu den Mendip Hills in Somerset. Und darüber hinaus als eine Partystadt in Südengland, in der das ganze Jahr hindurch irgendein Festival stattfindet. Mit dem Shepton Mallet Prison gibt es allerdings auch eine andere Seite zu entdecken.

In der Regel will man ja im Urlaub und in der Freizeit nichts mit den Sorgen des Alltags und all den negativen Erscheinungen unseres gesellschaftlichen Zusammenlebens zu tun haben. Man will entspannen, sich ausruhen, ein bisschen aktiv sein, Kulturangebote wahrnehmen und Tage genießen, an denen man am Strand oder sonstwo einfach abhängt. Das sei jedem gegönnt, aber manchmal ist ein Blick auf die andere Seite des Lebens nicht verkehrt, denn plötzlich merkt man, welch großen Wert Freisein und Freizeit tatsächlich besitzen. Das Recht auf Urlaub erscheint uns inzwischen so selbstverständlich, dass wir es neu zu schätzen lernen sollten – und das geschieht am besten mit einem Besuch hinter Gittern.

Auf beeindruckende Weise gelingt das im Gefängnis von Shepton Mallet, das erst 2013 seinen Betrieb einstellte. Geschlossen aber wurde es nicht. Nach intensiven Diskussionen, ob man Luxusappartements oder ein Museum daraus machen sollte, hat man sich für Letzteres entschieden. Zum Glück für das Gefühl von Freiheit, ist man versucht zu sagen. Denn im Shepton Mallet Prison bekommt man einen authentischen Eindruck einer über 400 Jahre andauernden Gefängnisgeschichte, die bis 1610 zurückreicht. Zu jener Zeit führte König James I. ein Dekret ein, das jeder Grafschaft die Errichtung eines »House of Correction« auferlegte, wie man damals das Wort Gefängnis umschrieb. Die Besserungsanstalt in Shepton Mallet war bis zu ihrer Schließung das älteste noch in Betrieb befindliche Gefängnis in

Es kann durchaus hilfreich sein, sich ein Gefängnis von innen anzusehen, das fördert das Bewusstsein von Freiheit. Das Shepton Mallet Prison (links) vermittelt ein authentisches Gefühl davon, was es bedeutet, eingesperrt zu werden.

ganz Großbritannien. Das Gelände wurde übrigens von Pfarrer Edward Barnards für nur 160 Pfund gekauft, um ein Gebäude zu errichten, das die armen Seelen retten sollte. Untergebracht wurden nicht nur Männer und Frauen, sondern auch Kinder, die mit dem Gesetz in Konflikt geraten waren. Nach heutigen Maßstäben waren die Haftbedingungen in den Jahrhunderten zuvor erbärmlich, mangelhafte sanitäre Anlagen führten oft zum Ausbruch von Krankheiten und Epidemien.

Unheimliche Gefängnistouren

Bei den Führungen läuft einem schon einmal der kalte Schauer über den Rücken. Das Gefängnis von Shepton Mallet hat beispielsweise auch eine lange Geschichte von Hinrichtungen durch Erhängen und Erschießen. Die letzte hingerichtete Privatperson war im Jahre 1926 John Lincoln, das letzte Todesurteil überhaupt wurde 1946 unter Militärgerichtsbarkeit vollstreckt. Der Galgenraum existiert noch immer, in dem während der Monmouth Rebellion, mit der die westlichen Grafschaften Englands James II. stürzen wollten, zwölf Sympathisanten der Rebellion gehängt wurden. Damit nicht genug: Ihre Körper wurden verscharrt und die Köpfe auf Pfählen an verschiedenen Orten in der Stadt als abschreckendes Beispiel aufgestellt.
Doch Shepton Mallet wäre keine Partystadt, fände man nicht auch hinter Gittern Anlass für besondere Events. So kann man im Gefängnis Teambuilding-Workshops mitmachen, Gefängnistouren mit Erziehungsmaßnahmen hautnah erleben oder Gefängnisgeister jagen. Aber Vorsicht bitte, man sollte immer ein Auge auf offene Türen haben, denn die Geister machen sich noch heute einen Spaß daraus, manche Tür ins Schloss fallen zu lassen. Schließlich will man ja wieder raus und seine Urlaubsfreiheit genießen.

FREI SEIN WIE EIN VOGEL

Die Mendip Hills in Somerset bilden einen Kalksteinhöhenzug aus der Karbon- und Jurazeit, der als »Gebiet von außergewöhnlicher Schönheit« eingestuft wurde. Im Norden reicht er bis an den Fluss Avon heran, im Süden und Westen wird er von Mooren begrenzt. Mit kleinen Dörfern wie Bishop Sutton, West und East Harptree oder Chew Stoke, mit den Seen, Teichen, Tälern und sanften Hügeln bietet die Region viele versteckte Ecken zum ungestörten Wandern und eine Vielzahl an Möglichkeiten, die unberührte Natur zu genießen. Am Chew Valley und am Blagdon Lake kann man mehr als 260 verschiedene Vogelarten beobachten. Die Seen gehören zu den drei wichtigsten Überwinterungsplätzen für Wasservögel des gesamten Landes und genießen bei professionellen Ornithologen ebenso wie bei Vogelliebhabern einen ausgezeichneten Ruf.

WEITERE INFORMATIONEN

Shepton Mallet Prison, Frithfield Lane, Shepton Mallet, Somerset BA4 5FQ, Tel. 0044/1749/68 18 62, 10–17 Uhr, www.sheptonmalletprison.com
Mendip Hills AONB Unit, Charterhouse Centre, Blagdon, Bristol BS40 7XR, Tel. 0044/1761/46 23 38, https://mendiphills-nl.org.uk

42

BEAMINSTER – VERTRÄUMT IN WEST DORSET

HEIMATGEFÜHLE UND FERNWEH IM HERZEN

Versteckt zwischen den Hügeln und Ausläufern der Dorset gelegen, genießt die Kleinstadt Beaminster mit ihren rund 3000 Einwohnern ihre Ruhe und Beschaulichkeit. Dabei befindet man sich hier an prähistorischen Wegen und hat Grabstätten gefunden, die darauf hindeuten, dass es schon vor 3000 Jahren menschliche Ansiedlungen gab.

Mit der Beschaulichkeit ist das so eine Sache: Einerseits kann man sich an der Ruhe und Abgeschiedenheit erfreuen, weil sie einem die Hektik und den Stress des Alltags erspart. Andererseits gibt es Menschen, die genau das als Bedrohung empfinden und befürchten, in der Enge zu ersticken. Wir wissen nicht, wie es dem jungen Samuel Hearne ab 1748 erging, als seine Mutter mit ihm und seiner Schwester Sarah von London zurück in ihren Geburtsort Beaminster zog. Der Vater Samuel war im Alter von nur 40 Jahren verstorben. In dem damals dreijährigen Knaben muss in seiner Kindheit in Beaminster eine gehörige Portion Fernweh entstanden sein.
Anders ist es nicht zu erklären, dass er bereits mit elf Jahren in Portsmouth in die Royal Navy eintrat und zur See fahren wollte. Das tat er dann auch auf verschiedenen Schiffen, nahm am Siebenjährigen Krieg teil, trat 1766 der Hudson's Bay Company bei und begann im Fort Prince of Wales am Churchill River in Kanada seinen Dienst.

Von Beaminster nach Kanada

Vom kleinen Beaminster in die weite Welt: Samuel Hearne war der erste europäische Entdecker, der auf dem Landweg durch Nordkanada bis zum Arktischen Ozean reiste. Zwei weitere Reisen führten ihn zum Großen Sklavensee, zum Coppermine River und in die Rocky Mountains nach North Saskatchewan. Er machte sich als Entdecker und Naturforscher einen Namen, quittierte 1787 den

Dienst und kehrte nach England zurück, wo er 1792 in London verstarb.

Bezaubernd unspektakulär

Von Beaminster zur Lyme Bay sind es nur rund zehn Kilometer, doch während es an der Küste in den Sommermonaten recht geschäftig zugeht, scheint Beaminster in einer anderen Welt zu liegen. Im Zentrum des Ortes steht ein altes Marktkreuz, ringsherum gruppieren sich hübsche denkmalgeschützte Häuser aus dem 17. Jahrhundert und ein paar kleine Geschäfte. Hier kann man ganz in Ruhe umherschlendern, kann seine Nase mal hierhin und dorthin stecken und wird überall freundlich gegrüßt. Man wandert auf den immerhin 250 Meter hohen Beaminster Down, den höchsten Punkt in der Gegend, oder den westlich gelegenen Gerrard's Hill, der knapp 180 Meter aus dem Tal aufragt. Von beiden »Gipfeln« genießt man die Aussicht und die Stille, die über Beaminster liegt, und lauscht den Glocken der St Mary's Parish Church, die die Mittagszeit einläuten.

Bunte Festivalwoche

Nur im Frühsommer wird es hier etwas lebhafter, wenn das Beaminster Festival gefeiert wird. In dieser Woche stehen Musik, Literatur, Kunsthandwerk, Tanz-, Sport- und Theatervorstellungen unter freiem Himmel ganz im Mittelpunkt einer bunten Veranstaltungsreihe, die sich auch überregional einen guten Ruf erworben hat. Dann putzt sich das Museum zur Lokalgeschichte in der Whitcombe Road heraus, nicht zu vergessen die Library, in der Autorenlesungen stattfinden. Danach kehrt wieder Ruhe ein in Beaminster, kann man ungestört am Marktplatz oder auf den Hügeln ringsherum sitzen und seinen Samuel Taylor Coleridge lesen, für den *Rime of the Ancient Mariner (Die Ballade vom alten Seemann)* soll Samuel Hearne das Vorbild gewesen sein. Das Werk gilt noch heute als eines der einflussreichsten Gedichte der englischen Sprache.

Wer durch Beaminster (unten) spaziert, spürt sehr bald, dass die Zeit hier gemächlich vergeht, selbst in der Festivalwoche ticken die Uhren anders. Ruhe strahlt auch die Lyme Bay Coast aus (links), doch im Sommer geht es durchaus lebhaft zu.

BUCHT DER SCHWÄNE

Seit Ende des 13. Jahrhunderts gibt es südlich des kleinen Dorset-Dorfes Abbotsbury eine Meeresbucht, in der Höckerschwäne nisten und ihre Jungen aufziehen. Auf dem rund zehn Hektar großen Gelände an der Fleet Lagoon halten sich mehr als 600 Schwäne auf, die man hier in der Pflege- und Zuchstation aus nächster Nähe beobachten kann. Auch bei der Handfütterung am Nachmittag kann man mithelfen. Das Besondere daran: Die Schwäne von Abbotsbury leben alle frei und nicht in Käfigen wie in Zoos. Schon im 11. Jahrhundert gab es in der Nähe ein Benediktinerkloster. Weil zu jener Zeit der Speiseplan der Mönche recht karg ausfiel, begannen sie Schwäne zu züchten, um mehr Abwechslung in ihre Ernährung zu bekommen. Wer heute etwas länger bleiben will, kann eines der fünf hübschen Cottages anmieten.

WEITERE INFORMATIONEN

Beaminster Town Council, Council Offices, Public Hall, 8 Fleet Street, Beaminster, Dorset DT8 3EF, Tel. 0044/1308/86 36 34, www.beaminster-tc.gov.uk

Abbotsbury Swannery, New Barn Road, Abbotsbury, Dorset DT3 4JG, Tel. 0044/1305/87 18 58, https://abbotsburyswannery.co.uk

An der Jurassic Coast warten Naturwunder wie die berühmten Kreidesäulen der Old Harry Rocks. Auch alte Fischerhäuser prägen das Bild (rechts).

43

JURASSIC COAST – ZURÜCK IN DIE ERDGESCHICHTE

SCHMUGGLERBUCHTEN UND STEILKÜSTEN

In den Grafschaften West Dorset und East Devon warten an der Jurassic Coast unvergleichbare Naturerlebnisse auf die Besucher. Der Küstenabschnitt zwischen der Studland Bay nördlich von Swanage und Exmouth ist ein Paradies für Naturliebhaber und bietet eine Reise in die Welt des Trias, des Jura und der Kreidezeit.

In den Grafschaften Dorset und Devon findet man noch immer unberührte Natur und an fast jeder Ecke gemütliche kleine Teestuben mit Gebäck, Schlagsahne und Erdbeeren neben 20 verschiedenen Teesorten auf der Tageskarte. Und der Tee ist kräftig und würzig wie das Land selbst. »Rolling Hills« heißt es hier, und schwungvoll ging es schon in prähistorischen Zeiten zu. Wie auch sonst kann man seine spektakuläre, 155 Kilometer lange Küste Jurassic Coast nennen? Doch nicht der Name, eher die geologischen Besonderheiten der Region haben ihr 2001 den Status des UNESCO-Weltnaturerbes eingebracht. Ganze 200 Millionen Jahre Erdgeschichte gibt es hier zu entdecken. Steile und flache Küstenabschnitte wechseln sich ab mit langgezogenen Sandstränden und versteckten Buchten wie Durdle Door und Ringstead Bay, die lange Zeit von Schmugglern als sichere Verstecke genutzt wurden. Heute liegen die Landschaft, die Felsen und kleinen Dörfer da wie ein offenes geologisches Buch, kann man auf Küstenpfaden wie am Anvil Point herrlich wandern, bei Kimmeridge und Lyme Regis Fossilien suchen oder Dinosaurierspuren in Purbeck und Portland entdecken.

Hinzu kommt eine große Vielfalt an hübschen Dörfern und Kleinstädten, die sich an der Küste entlangziehen wie Perlen an einer Kette. Die Jurassic Coast beginnt in der Studland Bay am South Haven Point, hier startet auch der 1000 Kilometer lange und wunderbar in Teilstrecken zu wandernde South West Coast Path.

Von Swanage mit der Dampflok nach Corfe Castle

Hinter den Old Harry Rocks taucht Swanage auf, ein beschauliches Seebad mit 9000 Einwohnern, das über einen leicht ins Meer abfallenden und besonders bei Familien mit kleinen Kindern beliebten Sandstrand verfügt. Und außerdem schnauft es in Swanage. Nein, kein vergessener Dino aus der Kreidezeit vor 140 Millionen Jahren streift durch den Ort, es ist die Dampflokomotive der Swanage Steam Railway, mit der man landeinwärts zum Corfe Castle tuckern kann. Die märchenhafte Ruine auf dem grünen Hügel oberhalb des malerischen Orts Corfe stammt noch aus dem 11. Jahrhundert. Corfe war einst das Zentrum der Purbeck-Marmor-Verarbeitung, nach dem die Halbinsel auch benannt ist. Von Swanage aus wurden im 19. Jahrhundert die schwarzen, muschelhaltigen Sandsteine, die poliert wie Marmor glänzen, bis ins boomende London verschifft.

Aktiv auf der Portland-Halbinsel

Zwischen der Kimmeridge Bay und Durdle Door, einer spektakulären Bucht und Felsformation, die sich wie ein Tor ins Meer hinein öffnet, findet man Jura- und Kreidefelsformationen, fossile Höhlen, Wellenvertiefungen und Kalksteinfragmente. Untersuchungen haben gezeigt, dass sie 150 Millionen Jahre und älter sind und dass hier einst ein tropisches Klima herrschte wie auf den Bahamas heutzutage. Das Wetter entlang der Jurassic Coast kann zwar manchmal ganz schön stürmisch sein, und karibische Temperaturen darf man nicht erwarten, doch es ist meistens klar und sonnig, mit ein paar kleinen Schauern zwischendurch.
Die halten auch Wanderer nicht davon ab, die Halbinsel Portland zu umrunden. Über eine schmale Straße mit Weymouth verbunden, ist Portland heute weit mehr als das steingraue Niemandsland mit dem rot-weißen Leuchtturm an seiner Spitze.

Charmant: Der malerische Ort Corfe mit seiner märchenhaften Ruine (links). Nicht nur in Lyme Regis kommen Fossilienjäger auf ihre Kosten (oben).

Die Weymouth and Portland Sailing Academy war Gastgeber der Olympischen Segelwettbewerbe 2012. Der 30 Kilometer lange Sand- und Kieselstrand Chesil Beach mit seiner dahinterliegenden Lagune und den brütenden Seevögeln ist ein zauberhafter, aber nicht ungefährlicher Ort. Es gibt an den Küsten Englands keinen Streifen, an dem mehr Schiffe strandeten und mehr Schiffbrüchige starben. Erst im Hafen von Bridport, West Bay, ist man wieder auf der sicheren Seite. Er bietet vom Pier aus einen großartigen Blick auf die Klippen.

Fossilien in Charmouth und Piraten in Beer

Bevor man den unter Fossilienjägern bekannten Ort Lyme Regis erreicht, ist ein Halt in Charmouth angeraten. Der weitläufige Strand und ein Besucherzentrum, das alle Informationen von detaillierten Wanderkarten bis zur richtigen Fossiliensammler-Ausrüstung bereithält, ist Ziel vieler Strandgänger, die mehr in gebückter Haltung die Kieselsteinhaufen durchwühlen als die Landschaft genießen. Aber man sollte nachsichtig sein, das Meer ist meistens kühl und die Aussicht, eine wertvolle Versteinerung zu finden, lässt einen die Rückenbeschwerden am Abend doch glatt vergessen.
Und zum Glück gibt es ja noch Beer. Damit ist nicht das Getränk gemeint, sondern der Fischerhafen westlich von Seaton, einst ein berühmter Unterschlupf für Piraten und Schmuggler. Hier scheint die Zeit stehengeblieben zu sein, einige Touristen, die sich nach Beer verirrt haben, setzen sich auf die fünf Liegestühle, die eine bierselige Tourismusinitiative für angebracht hielt, schweigen und genießen die Aussicht auf die Klippen und das Meer. Nur im August erwacht der Ort aus dem Dornröschenschlaf, wenn die jährliche Regatta gefeiert wird. Was dort dann so alles an selbstgebauten Kähnen samt Leichtmatrosen teilnimmt, lässt die Vermutung aufkommen, dass der Name des Fischerdorfes doch einen tieferen Sinn hat.

Uralte Heritage Coast

Weiter geht die Reise entlang der Heritage Coast nach Sidmouth. An diesem Küstenabschnitt findet man den geologisch ältesten Teil mit Formationen aus dem Trias, 200 bis 250 Millionen Jahre vor unserer Zeit. Der altehrwürdige Badeort mit seinen hübschen Regency-Häusern entlang der Promenade wird eingerahmt von roten Klippen, seine hervorragenden Strände sind nicht überlaufen und gehören zu den schönsten an der Jurassic Coast.
In Exmouth endet dann die Reise entlang dieses Küstenabschnitts. Hier ließen sich einst Römer, Wikinger, Piraten und Schmuggler blicken, heute dient der Hafenort überwiegend als Erholungsziel für die Bewohner von Exeter.

AUF DEN SPUREN VON T. E. LAWRENCE

Nur knapp 400 Einwohner leben in dem kleinen Weiler Moreton nördlich der wildromantischen Lulworth Cove mit ihren Traumstränden. Warum sollte man also hinfahren? Dafür gibt es ein paar gute Gründe: T. E. Lawrence liegt hier begraben, besser bekannt als Lawrence von Arabien. Der Offizier, Geheimagent, Schriftsteller und Archäologe lebte in einem Cottage auf Clouds Hill, dem Anwesen seiner Cousins, der Frampton-Familie. Auch die St Nicholas Church ist sehenswert, hat sie doch eine besonders magische Ausstrahlung, wenn das Licht durch ihre gravierten Glasfenster fällt, die der Künstler Laurence Whistler angefertigt hat. Und nicht zuletzt der Walled Garden mit dem »Dovecote Cafe« ist einen Besuch wert. Dieser Landschaftsgarten verbindet georgianische und viktorianische Gartenbauelemente mit einer großartigen Pflanzenvielfalt.

WEITERE INFORMATIONEN

Heritage Coast Centre, Lower Sea Lane, Charmouth, Dorset DT6 6LL, Tel. 0044/1297/56 07 72, www.jurassiccoast.org
St Nicholas Moreton, Dorchester DT2 8RF, Tel. 0044/843/886 86 68, 9–18 Uhr, www.stnicholasmoreton.org.uk

44

SHAFTESBURY – LANDLEBEN IN VOLLENDUNG

IM GOLDENEN ZEITALTER VERWEILEN

Wer eine Straße besitzt, die Gold Hill heißt, kann sich glücklich schätzen. Auch wenn heute kein Abenteurer mehr Goldgräberstimmung verbreitet und die Glückssucher aus Gästen bestehen, die eher zufällig auf ihrem Weg nach Cornwall hier stranden: Shaftesbury ist eine Kleinstadt in Dorset und ein Goldstück zugleich.

Im Mittelalter war Shaftesbury eine sehr bedeutende Stadt. Es gab ein Schloss, vier Marktkreuze und immerhin zwölf Kirchen. Der von König Alfred dem Großen im 9. Jahrhundert aufgrund seiner strategischen Lage auserwählte Ort wuchs zu einer regelrechten Festung, zu einem religiösen Zentrum und wichtigen Handelsknotenpunkt heran. Heute ist davon nur noch in Ansätzen etwas zu sehen, umso mehr erscheint der Rest aber jenem Klischee zu entsprechen, das man im Allgemeinen vom ländlichen England im Sinn hat. Der Inbegriff dieser Idylle mit großer Vergangenheit heißt Gold Hill und trägt den Namen zu Recht.

Denn wer sich diesem Gässchen nähert, unabhängig davon, ob von unten und der St James Street oder von der High Street von oben, ist zunächst einfach sprachlos. Man staunt nur noch, denn wie ein romantisches Turner-Gemälde sieht diese Kopfsteinpflastergasse aus, die sich steil den Hügel hinaufschlängelt. Unten die Felder, die Hügel und Wiesen, die Weite des Himmels, auf der einen Seite Reetdach- und Fachwerkhäuser entlang der Gasse, auf der anderen Seite eine mächtige Steinmauer und am oberen Ende ein Ort, der sich wie ein Schmuckkästchen öffnet: So stellen wir uns *good old England* vor. Wer noch nicht genug Gold gesehen hat, biegt

in den Park Walk ein, der bereits 1760 als Stadtpromenade angelegt wurde und der weitere atemberaubende Aussichten bietet. Über die, wie könnte es anders sein, Love Lane gelangt man dann zum Castle Hill, von dem aus man auch die nördlichen Weiten überblicken kann.
Was wäre eine Goldstraße ohne Museum? Am oberen Ende des Gold Hill, in einem Gasthaus, das ehemals umherziehenden Händlern und Quacksalbern ein Bett bot, ist heute das Gold Hill Museum untergebracht. Hier erfährt man alles über die Lokalgeschichte Shaftesburys, von den Angelsachsen über die Römer bis in die Neuzeit. Auch der kleine Garten und die Teestube verbreiten Gemütlichkeit.

Der Golden Hill in Shaftesbury (links) ist Inbegriff englischer Kopfsteinpflastergassen-Romantik. Und überall im Ort kann man gemütlich seinen Tee schlürfen (oben).

Spärliche Reste großer Vergangenheit

Wesentlich ungemütlicher ging es im Lauf der Geschichte für ein Kloster zu, das einst zu den bedeutendsten Benediktinerinnen-Abteien des Landes gehörte. Shaftesbury Abbey wurde im Jahr 888 von Alfred dem Großen gegründet, das erste religiöse Anwesen in England übrigens, das einzig und allein für Nonnen gebaut wurde. Alfreds Tochter Aethelgifu war die erste Äbtissin des Klosters. Bis zu seiner Schließung durch Heinrich VIII. 1539 wuchs das Kloster zu herausragender Bedeutung heran. Der in Corfe Castle ermordete König Eduard der Märtyrer wurde 979 hier begraben, die Abtei entwickelte sich zum Wallfahrtsort. Heute sind nur noch die Grundmauern erhalten, im 15. Jahrhundert aber gehörten dem Kloster Ländereien, die von Bradford-on-Avon bis hinunter nach Purbeck im Süden reichten. 150 Nonnen lebten hier, damals hieß es: Würde die Äbtissin von Shaftesbury den Abt von Glastonbury heiraten, es kämen reichere Nachkommen zur Welt als aus der Königsfamilie. Das heutige Museum ist gut bestückt mit Dokumenten und Zeugnissen der großen Geschichte dieses Klosters, das einst Einfluss auf ganz England besaß.

SIR WALTER UND DIE SCHLÖSSER

Die englischen Namensgebungen kommen dem Erstbesucher manchmal verwirrend vor, denn verschiedene Stadtteile, Pubs und Parkanlagen können den gleichen Namen tragen. Da ist es ratsam, nicht nur den Ort zu nennen, sondern noch eine Beschreibung anzufügen. Das gilt auch für Burgen und Schlösser. Wer Sherborne Castle besichtigen will und nach dem Weg fragt, sieht sich mit der Gegenfrage konfrontiert: *»Old or new one?«* Die Frage ist berechtigt, denn die Ruinen des alten Schlosses liegen nördlich des Sherborne-Sees, das neue Schloss südlich davon. Beide erzählen die Geschichte von Sir Walter Raleigh, Günstling und Abenteurer im Dienste ihrer Majestät Königin Elisabeth I. Das neue Schloss baute er 1594, weil das alte ihm nicht mehr repräsentativ genug erschien. Der Hang zum Prunk endet selten gut: 1618 wurde er enthauptet.

WEITERE INFORMATIONEN

Shaftesbury Tourism Services, 8 Bell Street, Shaftesbury, Dorset SP7 8AE, Tel. 0044/1747/853514, www.shaftesbury-tc.gov.uk
Sherborne Castle and Gardens, New Road, Sherborne, Dorset DT9 5NR, Tel. 0044/1935/813182, www.sherbornecastle.com

DEVON UND CORNWALL

Zum Land's End und noch weiter

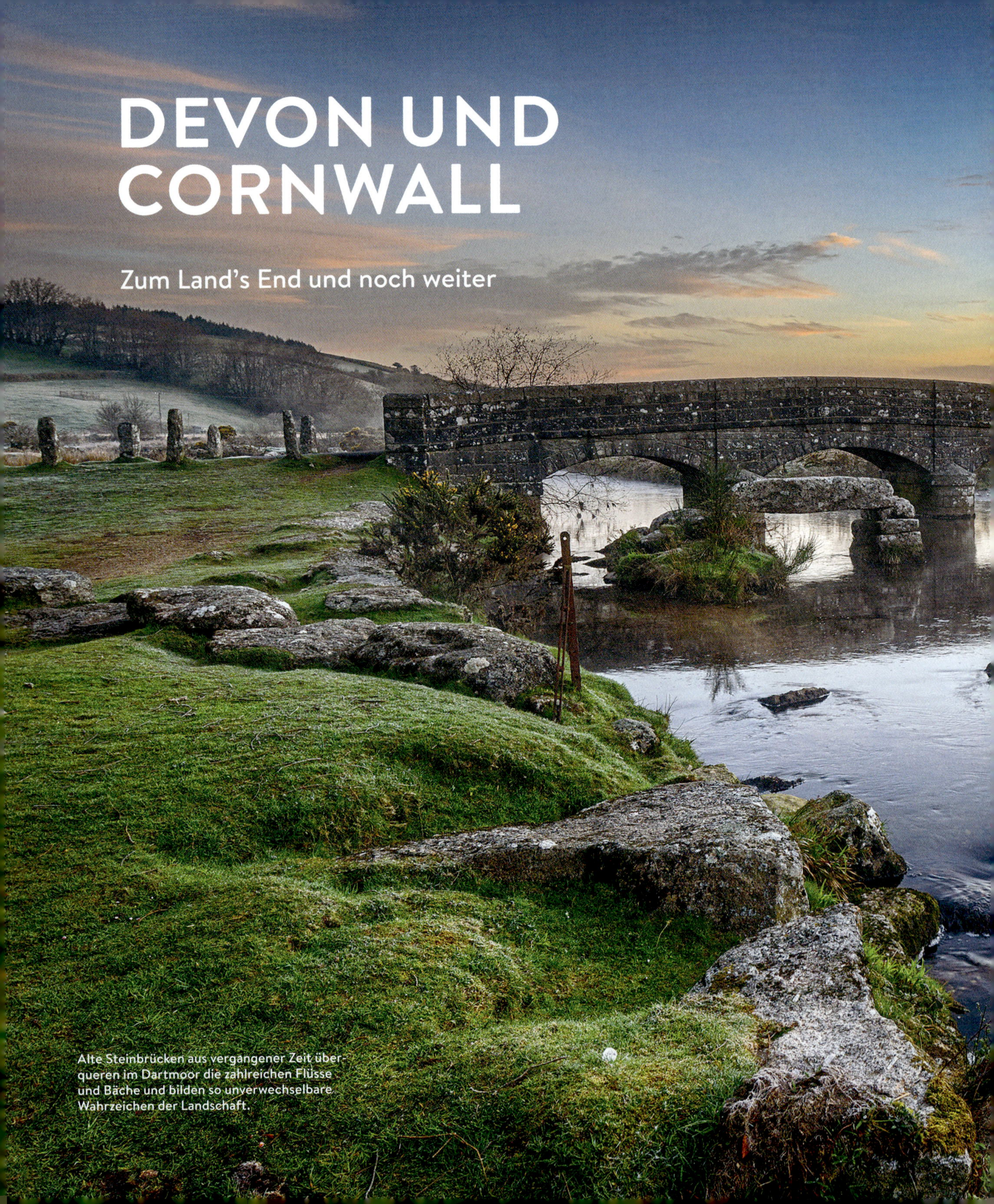

Alte Steinbrücken aus vergangener Zeit überqueren im Dartmoor die zahlreichen Flüsse und Bäche und bilden so unverwechselbare Wahrzeichen der Landschaft.

45

DARTMOOR NATIONAL PARK – GEHEIMNISVOLLE WILDNIS

WEITE UND WILDNIS

Die 954 Quadratkilometer großen Moor-, Heide- und Hügellandschaften des Dartmoor sind so einzigartig und geheimnisvoll wie gefährlich. Sie zählen zu den letzten wilden Regionen Europas. Einsame Moore, frei lebende Ponys, urzeitliche Steinkreise und kleine Dörfer, die im dichten Nebel verschwinden, regen die Fantasie an.

Südenglischer Lebensstil ist mit Gärten untrennbar verbunden, dazu gehören auch die kleinen Paradiese, die versteckt vor dem Lärm der Welt eine Symbiose bieten aus Natur und Kultur, wie sie selten geworden ist. Kommt dann noch anstatt Design Kunst hinzu, so sind das Orte, die man am liebsten nicht mehr verlassen will. Die Stone Lane Gardens bei Chagford am Nordrand des Dartmoor sind solch ein Glücksfall. Schon der Weg zur Stone Lane Farm und ihrem mystischen Garten gleicht einem Abenteuer. Kein großes Schild, keine Hinweistafel, nichts zu sehen. Nur das geheimnisvolle Dartmoor ringsherum. Dornige Hecken, hohe, dichte Ginsterbüsche, lediglich an einer der wenigen Wegkreuzungen wird der Blick frei auf die grandiose Weite des Hochmoores. Und hier, am nördlichen Ende des Nationalparks Dartmoor, soll ein Arboretum von internationaler Bedeutung liegen?

Garten ohne große Gesten

June und Kenneth Ashburner haben in der geheimnisvollen Landschaft des Dartmoor, in einer der letzten Wildnisse Europas, mit The Mythic Garden and Sculpture Exhibition eine einzigartige Symbiose aus Wissenschaft, Natur und Kunst geschaffen. In einem zwei Hektar großen Landschaftsgarten wird die nationale Birken- und Erlensammlung betreut, aus Bäumen, die alle von Wildsamen aus der nördlichen Hemisphäre stammen. Der passionierte Jazzmusiker Kenneth widmete jede freie Minute den Bäumen und Pflanzen seines Anwesens. Aber das nur begleitend, gelegentlich behutsam korrigierend, denn er war kein Mann der großen Gesten. Der natürliche Prozess des Werdens und Vergehens ist hier in jeder Nische zu spüren, ebenso die Harmonie von Skulpturen und Bäumen.

Wandern in der Wildnis

Noch heute kommen Menschen hierher, um an geheimnisvollen Steinkreisen Blumenkränze mitten im Hochmoor abzulegen, auf Pfaden, die mit Granitbrocken markiert sind, von denen Energiewellen ausgehen sollen. Es werden obskure Feste in mondhellen Nächten gefeiert, man badet in kristallklaren Quellbächen. Auf der unendlich erscheinenden Hochebene wähnt man sich dem Himmelsgestirn näher als der Erde, riesige Wolkenformationen ziehen über den Horizont, werfen dunkle Schatten auf die Steinkreise und tauchen die Landschaft in surreales Licht.
Sich ganz dem Zauber hinzugeben, ist jedoch nicht ungefährlich. Immer wieder verschwinden noch heute Menschen im Dartmoor, denn das Wetter kann innerhalb von Minuten umschlagen. Dann werfen schwarze Wolken heftigen Regen auf die Hochebene, und sofort ziehen dichte Nebel auf und lassen einen die Hand vor den Augen nicht mehr erkennen. Selbst erfahrene Wanderer geistern dann im Zickzack-Kurs durch das Hochmoor. Manche werden erst nach Tagen wiedergefunden, verwirrt, verfroren, ausgehungert und durstig.

Wohl dem, der in solch ein Wetter gerät und plötzlich Musik vernimmt und den Klängen folgt: Rettung ist nahe auf der Stone Lane Farm! Und eine Geschichte über das Immerwährende im Flüchtigen, den ewigen Nachklang aller vergänglichen Dinge, über *Betula nigra,* die Flussbirken aus Missouri, oder *Alnus cordata,* die schnellwachsenden Erlen vom Col San Stefano aus Korsika. Jeder Besucher kann einen Beitrag zur Verbreitung selten gewordener Wildbäume leisten, indem er sich Setzlinge von der Farm für seinen eigenen Garten mitnimmt und seinen Freunden den Weg dorthin verrät.

Einsam: Durch stille Täler fließen Bäche und kleine Flüsse (unten links), und wer die Einsamkeit im Dartmoor National Park sucht, findet sie auf windumwehten Hügeln in der Schönheit der Natur (links).

BRÜCKEN IM DARTMOOR

Viele der uralten Pfade durch die einsamen Gegenden des Dartmoor wurden mit Felsbrocken markiert, manche auch mit Granitkreuzen, um mittelalterliche Abteien miteinander zu verbinden. Dabei war die Höhe, mit der die Felssteine aus dem Boden ragten, ein Hinweis auf die Entfernung zum nächsten Ort. Immer wieder trifft man auf sogenannte Clapper Bridges, aus Granitplatten geformte Brücken, die über Bäche und kleine Flussläufe führen. Schon in der Bronzezeit waren Zinnvorkommen im Dartmoor bekannt. Im Mittelalter wurden dann diese Brücken gebaut, um das Zinn und auch Wolle mit den Dartmoor-Ponys zum nächsten Handelsplatz zu transportieren. Die größte noch erhaltene Clapper Bridge aus dem 13. Jahrhundert findet man bei Postbridge, einst ein Stopp auf der Handelsroute von Chagford nach Tavistock.

WEITERE INFORMATIONEN

Stone Lane Gardens, Stone Farm, Chagford, Devon TQ13 8JU, Tel. 0044/1647/231311, www.stonelanegardens.com
Hotelempfehlung: Lydgate House, Postbridge, Dartmoor, Devon PL20 6TJ, Tel. 0044/1822/880209, www.lydgatehouse.co.uk

CLOVELLY – MUSEUMSDORF MIT DENKMALSCHUTZ

SEHNSUCHTSORT FÜR TRÄUMER

Eine kleine Gruppe von Häusern schmiegt sich an einen bewaldeten Hügel, eine Kopfsteinpflastergasse schlängelt sich hinunter zum Hafen, an dem die bunten Boote fest vertäut sind. Kein Verkehr, kein Getöse: Clovelly scheint wie aus der Zeit gefallen, eine Idylle wie in einem romantischen Film.

Man stelle sich einmal ein Dorf vor, das seit der Mitte des 13. Jahrhunderts mit nur drei Familien in Verbindung gebracht wird. Für einen Zeitraum von über 800 Jahren bestimmten die Familien der Giffards, die von normannischer Abkunft waren, die Carys aus Devon und die Hamlyns, deren Nachfolgern noch heute Clovelly gehört, die Geschicke des Ortes. Zachary Hamlyn kaufte 1738 den Ort für eine Summe von 9438 Pfund, heute verwaltet sein Nachkomme John Rous den Ort, den Hafen und die Ländereien. Das bedeutet jedoch nicht, dass die rund 450 Bewohner von Clovelly eine Art von Leibeigenen sind. Die Aufklärung und der Gang der Weltgeschichte haben auch vor Clovelly keinen Halt gemacht, selbst wenn man das meinen könnte, weil es hier so pittoresk und auffallend anders zugeht. Die Mieter der Häuser müssen sich lediglich verpflichten, über die Hälfte des Jahres hier auch zu wohnen und ohne Genehmigung keine baulichen Veränderungen an den heimeligen Häusern vorzunehmen. Auf diese Idee käme auch keiner, denn den Bewohnern ist bewusst, in welch privilegierter Abgeschiedenheit sie leben können, und diese gilt es zu bewahren und nicht zu gefährden.

Drei glückliche Jahreszeiten

Eine gewisse Pause vom Dorfleben ist ihnen auch gegönnt, denn im Sommer schnaufen Touristen die

Clovelly ist ein Musterdorf englischer Romantik-Vorstellungen. Der kleine Hafen (oben) und die hilfreichen Esel, die noch heute Lasten den Berg hinauf transportieren, wirken wie aus der Zeit gefallen.

Kopfsteinpflasterstraße hinunter zum Hafen und wieder hinauf, die zwar nicht hupen, deren Erstaunen über die Schönheit des Puppenstubendorfes aber deutlich zu vernehmen ist. Aber es gibt ja noch den Frühling, den Herbst und den Winter. Zu diesen Jahreszeiten sind die Einheimischen fast unter sich, und dann verströmt der Ort genau jene Mischung aus Romantik und guter alter Zeit, die heute selten geworden ist. Dann kommen einem Begriffe wie Hektik und Stress in Clovelly wie Fremdwörter von einem anderen Planeten vor, dann setzt man sich auf die Bank am Hafen, schaut den Fischerbooten zu, die sich zum Auslaufen bereit machen, und wartet auf Mary und Finn, die um diese Zeit eigentlich immer auf ein Schwätzchen vorbeischauen. Doch heute sind nur ein paar Esel zu sehen, die zum Spaziergang Auslauf bekommen haben. Wie bitte, Esel im Dorf? Durchaus, sie sind geachtet und werden umsorgt, tragen sie doch noch heute auf kleinen Holzschlitten Waren und Gegenstände vom Hafen hinauf zu den höher gelegenen Häusern. Mit der ihnen eigenen stoischen Ruhe, doch die passt ja wunderbar ins Gesamtbild des Ortes.

Fischfang und Bootsbau

Alle, Einheimische wie Gäste, zieht es irgendwann hinunter zum Hafen. Für Menschen, die weniger gut zu Fuß sind, wird ein Shuttleservice angeboten, denn die Dorfstraße ist nicht nur steil, sondern oft auch rutschig, wenn wieder einmal ein kurzer Schauer die Blumen und Bäume erfrischt hat. Unten wartet zwar kein Sand-, sondern ein Kiesstrand auf die Besucher, doch die kleine Bucht, die Boote, die halbrunde Kaimauer und der Blick auf die Küste sind einfach traumhaft. Vor rund 160 Jahren war der Hafen noch

In Clovelly mit seinen steilen Gassen und dem romantischen Hafen (rechts) taucht man in eine andere Zeit ein. Der Ort hat so viel Charme, dass man ihn gar nicht mehr verlassen will.

ein lebhafter Umschlagplatz für Kohle und Kalkstein aus Wales. Der Geruch nach Teer, Werg und frisch geschnittenem Holz der am Ufer gebauten Boote vermischte sich mit dem Duft nach Hering. Die Zeiten haben sich geändert, die Holzbootbauer sind verschwunden, Motorboote bieten Ausflugsfahrten zum Beispiel nach Lundy Island an, und das Einzige, was wirklich duftet, ist die farbenprächtige Blumenbepflanzung im ganzen Ort.

Nur ein paar Schritte unterhalb des New Inn liegt Fisherman's Cottage, ein hübsches Museum, das authentisch zeigt, wie die Fischerfamilien von Clovelly über die Jahrhunderte gelebt haben. Die Boote liefen aus, um in der Bideford Bay Hering und Makrelen zu fangen, mit Eseln wurde der Fang in Körben die Gassen hinauftransportiert. Noch um 1840 gab es hier 70 Fischerboote, heute werden von einigen Fischern noch Krebse und Hummer in kleinen Mengen gefangen, eine wahre Delikatesse.

Workshops mit Ton und Seide

Doch völlig von gestern ist der kleine Ort nun auch nicht. Das Leben in Clovelly hat sich inzwischen gewandelt, es dreht sich nicht mehr einzig und allein um die Fischschwärme. Sanfte Diversifikation hat Einzug gehalten, man will ja den Gästen im Sommer auch noch etwas anderes anbieten können. So ist eine erstaunliche Workshop-Kultur entstanden, vom Töpfern bis zum Kunsthandwerken. In Clovelly kann man in vielerlei Kursen den Alltag hinter sich lassen und seine verborgenen Talente entdecken. Bei Ann, Ellie und Bill Jarvis zum Beispiel in ihrem Seide-Workshop, in dem man lernt, eigene Designs zu entwerfen und auf edle Seidenschals zu drucken. Aus kompetenter Hand, sollte man hinzufügen, denn Ann Jarvis war zehn Jahre lang Leiterin des Designstudios von Liberty of London Prints und ist bekannt aus mehreren Fernsehauftritten. Auch sie weiß zu schätzen, was das Leben hier einzigartig macht: eine intakte Natur, ein geschützter kleiner Ort, der Duft des Meeres und eine Gemeinschaft, die aufeinander Rücksicht nimmt. Die einzige Sorge scheint zu sein, ob der Ort eines Tages so bekannt wird, dass Heerscharen von Touristen aus aller Welt ein Stück von der Idylle abhaben wollen und der Besucherstrom zu groß werden könnte. Aber auch dafür wird man eine Lösung finden. Jetzt genießen wir erst einmal den Sonnenuntergang über der Bucht. Und alles andere kann warten, mindestens bis morgen, vielleicht sogar bis zum nächsten Jahr. Wer weiß schon, was dann gerade auf der Agenda steht und ob Devon dann noch auf der touristischen Landkarte zu finden ist oder die Karawane nicht bereits einen anderen Lieblingsort gefunden hat. Weiter südwärts wird sich sicher noch einiges entdecken lassen.

KINGSLEYS ORT DER JUGEND

Charles Kingsley (1819–1875) muss eine blühende Fantasie besessen haben, für einen anglikanischen Geistlichen und Theologen vielleicht eher ungewöhnlich. Daher verwundert es kaum, dass er mehrere Romane und Kinderbücher verfasste, die heute zu der literarischen Gattung des »Christian Socialism« gezählt werden. Irgendwo mussten ja die Inspirationen hin, die er sich unter anderem auch im Red Lion in Clovelly holte. Dort erfand er die Person des Salvation Yeo für seinen West-Country-Roman *Westward Ho!*. Der Gebäudekomplex selbst stammt noch aus dem 18. Jahrhundert und diente einst als Ort für die Apfelwein-Herstellung und als Treffpunkt der Fischer von Clovelly. Und im anderen Hotel des Ortes, dem New Inn, gibt es ein Kingsley Museum, denn er verbrachte hier seine Jugend und kehrte immer wieder an diesen Ort zurück.

WEITERE INFORMATIONEN

Clovelly Visitor Centre, near Bideford, Devon EX39 5TA, Tel. 0044/1237/431781, www.clovelly.co.uk

The New Inn Hotel, High Street, Clovelly, Devon EX39 5TQ, Tel. 0044/1237/431303, https://thenewinnclovelly.co.uk

47

LUNDY ISLAND – DAS ENGLISCHE GALAPAGOS

EIN DRINK IM PIRATEN-PUB

Wer ein autofreies kleines Paradies sucht, wird im Bristol Channel fündig. Das fünf Kilometer lange Lundy Island kann man nur mit dem inseleigenen Passagierschiff »MS Oldenburg« erreichen und nur, wenn das Meer nicht zu stürmisch ist. Sonst muss man die 17 Kilometer Entfernung zur Küste mit dem Hubschrauber überwinden.

Belohnt wird man auf Lundy Island mit einzigartigen Naturerlebnissen, die man so schnell nicht mehr vergisst. Die Luft ist hier besonders rein, das Pfeifen des Windes klingt klar und befreit von allen Nebengeräuschen, der Himmel erscheint endlos und die Natur sich selbst überlassen. Wer dieses kleine Paradies erleben möchte, sollte Geduld und etwas Zeit mitbringen, denn das Wetter bestimmt den Tagesablauf. Wenn es zu stürmisch ist, können weder das Schiff noch der Helikopter die Gäste zurück zum Festland bringen. Aber da an diesen Tagen dann auch keine neuen Besucher kommen, verlängert man seinen Aufenthalt einfach um eine weitere Nacht, und alles ist gut. Und man gewinnt Zeit für einen weiteren Pint im Marisco Tavern, dem einzigen Pub der Insel.

Das Gebäude des heutigen Pubs geht auf das Jahr 1860 zurück, obwohl der Name in der Geschichte der Insel bereits im 12. Jahrhundert eine gewichtige Rolle spielte.

Seevögel-Kolonien

Damals gelangte die Insel in den Besitz der Piratenfamilie Marisco, die von hier aus den Bristol Channel mit ihren Raubzügen unsicher machte. Das ging einige Jahre gut, doch dann unterlief den Mariscos ein schwerwiegender Fehler: Sie beteiligten sich an einer Intrige gegen König Henry III. Das hätten sie besser unterlassen, denn es kostete sie ihr Leben. William de Marisco und 16 seiner Komplizen wurden in London 1242 gehängt und gevierteilt. Viel-

leicht schmeckt das Lundy Ale auch deswegen noch heute leicht bitter.

Im Jahr 1925 übernahm Martin Coles Harman die Insel, der als Erstes das Manor House in ein Hotel verwandelte und es Gästen so ermöglichte, die Insel für mehrere Tage zu besuchen. Martin war es auch, der 1929 eine eigene Briefmarke für Lundy einführte, mit dem Kopf eines Papageientauchers. Die Erstausgaben dieser Marken sind heute gesuchte Sammlerstücke. Er brachte zudem mehrere Tierarten wie das Lundy-Pony, Sika-Hirsche und die schottischen Soay-Schafe auf die Insel und machte sie hier heimisch.

Natürlich ist Lundy auch ein großartiger Ort, um Seevögel zu beobachten. Von April bis Juli brüten zehn verschiedene Meeresvogelarten an den Klippen der Westküste, Trottellummen, Dreizehenmöwen, Schwarzschnabelsturmtaucher, Papageientaucher und Tordalken kann man hier sehen. Und noch ein Tipp: Wer eines der 23 Ferienhäuser auf Lundy mieten will, sollte sich frühzeitig darum bemühen, denn sie sind oft für das Jahr ausgebucht. Kein Wunder, denn Lundy Island wird auch als das »Galapagos Englands« bezeichnet.

Bogenschießen in Bovey Castle

Unabhängig davon, ob man sich nun auf dem Weg in den Westen nach Lundy Island befindet oder leider wieder den Heimweg antreten muss: Ein Stopp im Dartmoor-Nationalpark ist immer zu empfehlen. Und wer ein verstecktes Plätzchen sucht, um noch einmal in Ruhe zu entspannen, und gehobenen Komfort genießen möchte, der sollte im Bovey Castle halten und die Annehmlichkeiten einer der schönsten Anlagen der Eden Hotel Collection erleben. Schon die Lage des Schlosshotels in den sanften Hügeln des Dartmoors, der große Park, ein Golfplatz, das vielfältige Wellness-Angebot und nicht zuletzt eine Reihe von Freizeitaktivitäten, die vom Bogenschießen bis zum Überlebenstraining reichen, machen den Aufenthalt unvergesslich.

Abgelegen: Die Reise nach Lundy Island ist nicht immer möglich. Wenn die See zu stürmisch ist, muss man schon einmal abwarten, bis das Boot wieder fahren kann. Hat man den Pier erreicht (links), wartet ein kleines Natur-Paradies auf die Besucher.

HEIMAT KLEINER PONYS

Das Dartmoor ist die Heimat einer kleinwüchsigen Ponyrasse. Das Dartmoor-Pony stammt ursprünglich aus dem 11. Jahrhundert, in den folgenden Jahrhunderten wurden die wild lebenden Stuten mit Shetland- und Welsh-Ponys, Fell-Ponys und Hackneys eingekreuzt. Heute gelten die grasenden 3000 Dartmoor-Ponys als eine vom Aussterben bedrohte Rasse. Die meisten Pferdchen werden etwa 120 Zentimeter hoch, sind sehr robust und gelten als ausgesprochen gutmütig und anspruchslos in der Haltung. Einst auf den Farmen als Tragtiere und in den Erzminen als Zugtiere für die Loren eingesetzt, dienen sie heute überwiegend als Reittiere für Kinder oder werden in der Landschafts- und Biotoppflege eingesetzt. Sie bewegen sich äußerst leichtfüßig mit raumgreifenden Schritten, ihre Trittsicherheit und ihr Galopp sind berühmt.

WEITERE INFORMATIONEN

The Lundy Booking Office, The Pier, Ilfracombe, Devon EX34 9EQ, Tel. 0044/1271/86 36 36, Mo–Fr 9–17, Sa 9–13 Uhr, www.landmarktrust.org.uk/lundyisland

Bovey Castle Hotel, North Bovey, Devon TQ13 8RE, Tel. 0044/1647/44 50 00, www.boveycastle.com

48

HARTLAND – DEVONS ABGELEGENE HALBINSEL

AN DER SPEKTAKULÄREN ATLANTIKKÜSTE

Die Hartland-Halbinsel im Nordwesten der Grafschaft Devon ist eine wilde, abgelegene Region im Südwesten Englands. Und der Leuchtturm am Hartland Point warnt die Seefahrt seit 1874 vor den Klippen im Bristol Channel. Wer Ruhe, unberührte Natur und eine frische Meeresbrise sucht, ist auf dieser Halbinsel am richtigen Ort.

Die gesamte Hartland-Halbinsel wurde völlig zu Recht als »Gebiet von herausragender Naturschönheit« eingestuft. Selten findet man solch wilde, unberührte Landschaften mit tief abfallenden Tälern, tosenden Wasserfällen, uralten Wäldern und einer großen Vielfalt an Tieren, Vögeln und Meeresbewohnern wie hier im Nordwesten Devons. Und der South West Coast Path umrandet als einer der schönsten Küstenwanderwege Englands die gesamte Halbinsel. Ein besonders schöner Küstenabschnitt liegt südlich von Hartland Point und nördlich von Bude. Die ins Meer ragenden Felsformationen geben Einblick in die Erdgeschichte. Im Winter ist das Meer hier wild und wird von Stürmen aufgewühlt. Vom gut beschilderten Wanderwegenetz aus erblickt man entlang der Küste Robben und Delfine, im Landesinneren Singvögel, Füchse, Rotwild und seltene Orchideen.

Vielfältige Flora und Fauna

Es gibt abwechslungsreiche Landschaften, vom Moorland über Heideflächen bis zum ausgedehnten Grasland, auf denen Feldhasen, Hermeline, Wiesel, Wiesenpieper und Dachse beobachtet werden können. Moorveilchen, Nachtkerzen, wilder Knoblauch, Bluebells, Schneeglöckchen und wilde Orchideen bilden Farbtupfer in der Landschaft, in der sich auch Wälder mit uralten Bäumen erstrecken. An Bächen und Flüssen kann man den Eisvo-

IN EINER MINIATURWELT

Wer seit mehr als fünf Jahrzehnten Besucher verzeichnet hat, muss in einer Region wie jener rund um Torquay schon etwas Besonderes bieten. Die Babbacombe Model Village and Gardens können etwas vorweisen, das in dieser speziellen Kombination einzigartig ist. Im Jahr 1963 eröffnet, findet man hier nicht nur 424 Miniaturgebäude, sondern auch über 16000 Quadratmeter an attraktiven Gärten, die zusammen mit den Modellwelten eine harmonische Einheit bilden. So entsteht ein Porträt englischen Lebens in seiner ganzen kulturellen Vielfalt und mit spielerischen und humorvollen Elementen ausgestattet, die allen Besuchern, ob jung oder älter, ein Lächeln ins Gesicht zaubern. Denn vielen der 13000 Figuren in dem Mini-Wunderland sitzt der Schalk im Nacken, sie sind so arrangiert, dass subtil-humorvolle Szenen entstehen.

WEITERE INFORMATIONEN

Hartland Peninsula Association, Devon, hartlandpeninsula@gmail.com, www.hartlandpeninsula.co.uk
Babbacombe Model Village, Hampton Avenue, Babbacombe, Torquay, Devon TQ1 3LA, Tel. 0044/1803/315315, 10-15.30 Uhr, www.model-village.co.uk

gel und Fledermäuse entdecken. Auch Otter, Graureiher und Nerze sind hier heimisch.
Besonders am Hartland Point, am Hartland Quay und an der Spekes-Mill-Mouth-Bucht bekommt man das artenreiche maritime Leben zu Gesicht. Neben Robben und Delfinen tummeln sich hier zudem Riesenhaie, Tordalke, Papageientaucher und Austernfischer. Auch geologisch sind die Klippen interessant, besonders am Hartland Quay. Sie bestehen aus zusammengepressten und gefalteten Felsformationen und hervorspringenden Erhebungen im Sand, in denen man Fossilien finden kann. Darüber hinaus stellen sie die höchsten Granitklippen in ganz England dar. Wer hier spazieren und wandern geht, vergisst garantiert die Zeit, so faszinierend und vielfältig zeigen sich auf der Hartland-Halbinsel die Landschaften. Bei allen Aktivitäten fällt auf, wie gastfreundlich man empfangen wird. Ob unterwegs oder in den kleinen Dörfern, man hat überall das Gefühl, von den Einheimischen besonders herzlich begrüßt zu werden, und fühlt sich als Gast willkommen.

Leuchtturm mit Geschichte

Das mag auch an der Abgeschiedenheit der Region liegen. Denn Hartland Point ist nicht nur der nordwestlichste Punkt Devons, sondern auch der am weitesten entfernte Punkt von einer Bahnstrecke in England. Erst in 23 Kilometern erreicht man in Bude eine Bahnstation. Dennoch hatte diese vergessene Ecke durchaus auch eine strategische Bedeutung. Bis ins Jahr 1983 war der Leuchtturm am Hartland Point ein Beobachtungsposten der Küstenwache, heute ist er vollständig automatisiert. Mittels eines Radars wird hier auch der Luftraum überwacht. An der Küste und ihren gefährlichen Klippen zerschellte zuletzt am 31. Dezember 1982 die »Johanna«, ein Frachtschiff unter Panama-Flagge. Zum Glück konnten alle Seeleute gerettet werden. Wrackreste kann man von einem spektakulären Aussichtspunkt aus entdecken, wie auch den Leuchtturm selbst, der aber heute nicht mehr zugänglich ist. Einen Besuch lohnt auch das hübsche Herrenhaus Hartland Abbey, das in der Nähe des Dorfes Stoke zu finden ist, besonders die Gärten sind sehenswert. Im 16. Jahrhundert stand dort ein Kloster, daher der Name. Von hier aus kann man bis zum Strand von Blackpool Mill Beach wandern.

Unberührt: Die Natur auf der Hartland-Halbinsel ist wild und ungezähmt, hier wähnt man sich weit weg von jeglicher Zivilisation.

49

LOOE – WO CORNWALLS STERNE FUNKELN

VERTRÄUMTER FERIENORT MIT FLAIR

Die Südostküste Cornwalls hält einige romantische Orte bereit, unter denen Looe einen Ehrenplatz einnimmt. Looe hat sich seinen Charakter als Fischereihafen bewahrt, obwohl auch hier wie überall in Cornwall Gäste dank des Sandstrandes und der attraktiven Wandermöglichkeiten an der Küste das Dorf zu schätzen wissen.

Das rund 5300 Einwohner zählende Looe, auf halber Strecke zwischen St Austell und Plymouth gelegen, wird noch immer von der Fischerei geprägt, ein Umstand, den die Gäste nicht nur aus kulinarischen Gründen goutieren. Es ist ein Ort, der ein selten gewordenes authentisches Flair und einen eigenen Charakter besitzt, der nicht austauschbar erscheint. Das spiegelt sich auch in den Begegnungen mit den Einheimischen wider, ob sie nun im Dienstleistungs- oder im Fischereisektor tätig sind: Immer hilfsbereit und freundlich begegnen sie den Gästen, mit einem Funkeln in den Augen, das von der Seeluft, dem manchmal wilden Meer und der Weite da draußen kommen muss. Und dem Abendhimmel über Looe mit seiner schwarz-blauen Endlosigkeit, in der die Sterne wie Nordlichter funkeln und den Himmel verzaubern.

An der Mündung des Looe River verbindet eine steinerne, siebenbogige Brücke East und West Looe. Wie zweigeteilt erscheint der Ort, der aufgrund seiner romantischen Hafen- und Küstenansichten bereits als Drehort für Rosamunde-Pilcher-Verfilmungen diente. Auf der lebhafteren Ostseite liegen die Fischerboote am Kai, tummeln sich Touristen, Fischer und »Looesianer« in den zahlreichen Geschäften, Markthallen und Restaurants oder gönnen sich einen Fisch-Snack zwischendurch.

Den Haien auf der Spur

Denn es gibt sonst kaum einen Ort, an dem der Fang so wie hier praktisch in den Mund hüpft. Von den Trawlern in die Fischmarkthalle oder die Fish-&-Chips-Läden sind es keine fünf Meter. Haupt-

sächlich werden heute Makrelen gefangen, aber es gibt noch eine andere Spezialität: Looe ist der wichtigste Fischereihafen an der Südküste für den Haifischfang. Mit über 50 Booten geht es noch Tag für Tag hinaus aufs Meer, etwa 3000 Haie werden hier im Jahr gefangen und verarbeitet.

Mehr als nur ein Heimatmuseum

Das Leben in Looe und seine Abhängigkeit vom Meer zeigt eindrucksvoll das Old Guildhall Museum in der Higher Market Street. Das Museum in einem historischen Gebäude aus dem 15. Jahrhundert als Heimatmuseum zu bezeichnen, wäre eine Beleidigung. Dank der breit gefächerten Sammlungen zur Fischereigeschichte, zum Alltag in Looe durch die Jahrhunderte, zum Zweiten Weltkrieg, zu Leuchttürmen und zur Schmugglergeschichte entsteht ein in sich geschlossenes und stimmiges Bild zum Leben dieses wundervollen Ortes. Der übrigens im Zweiten Weltkrieg von deutschen Flugzeugen bombardiert wurde, weil sie Looe Island aus der Höhe für ein Schiff hielten. Einen guten Ruf hat sich Looe inzwischen auch als Festivalort erworben. Ob Wander-, Musik-, Literatur- oder Food-Festival, in Looe ist das ganze Jahr hindurch immer etwas los, ohne dass es überlaufen erschiene.

Naturschutz auf Looe Island

Unter den vielen Bootsausflügen, die hier angeboten werden, gehört die kurze Fahrt vom Buller Quay hinüber nach Looe Island – offiziell St George's Island – zu den schönsten Trips. Einst war die kleine Insel im 12. Jahrhundert von Benediktinern bewohnt, im Jahr 1965 wurde sie von den beiden Schwestern Babs und Evelyn Atkins gekauft, die hier ihr Leben verbrachten. Im Alter von 86 Jahren, nach 40 Jahren auf der Insel, verstarb 2004 Babs Atkins, nicht ohne die Insel an den Cornwall Wildlife Trust zu übergeben. Zwischen Ostern und September kann man die Insel auf einer zweistündigen Exkursion erkunden, die Abfahrten des Boots sind allerdings extrem abhängig von den Gezeiten.

Die Häuser von Looe strahlen in der Morgensonne, die ersten Boote fahren Gäste aufs Meer. Die Küsten und Strände rund um den Ort sind leer, so findet jeder seine Traumbucht.

DER KUTTER AN DER KAIMAUER

Oli ist ein Künstler. Oli ist ein Koch. Oli ist ein Lebenskünstler. Ja, ein Kochkünstler ist er auch. Dabei vergisst er nicht, dass Kunst von Können kommt. Er stammt aus Herefordshire, hat sich dann auf die Reise gemacht, um zu lernen. Er hat als Koch in Barbados, in Frankreich und Schweden gearbeitet, dabei immer den berühmten Küchenchefs genau zugeschaut, die Feinheiten des Handwerks kennengelernt. Seine Küche soll einfach und ehrlich sein wie ein gutes Handwerk. In Looe hat er im Sommer 2015 sein eigenes Restaurant eröffnet: Trawlers on the Quay heißt es und liegt tatsächlich direkt am Kai. Vom Netz auf den Teller sind es nur drei Meter, frischer geht es nicht. Etwa 90 Prozent der Karte sind Fischmenüs, große Kunst auf dem Teller, ohne jeglichen Schnickschnack.

WEITERE INFORMATIONEN

Looe Tourist Information Centre, The Guildhall, Fore Street, East Looe, Cornwall Pl13 2AA, Tel. 0044/1503/26 22 55, www.visitlooe.co.uk
Trawlers on the Quay, The Quay, East Looe, Cornwall PL13 1AH, Tel. 0044/1503/26 35 93

ISLES OF SCILLY – VOM GOLFSTROM VERWÖHNT

INSELN AM ENDE EUROPAS

Zauberhaft geht es auf der Inselgruppe der Isles of Scilly zu, die 50 Kilometer vor Land's End im Atlantik liegt und das wärmste Klima Großbritanniens aufweist. Karibische Gefühle und traumhafte Strände erlebt man rund um die Hauptinsel St Mary's und die vier weiteren bewohnten Inseln Tresco, St Martin's, Bryher und St Agnes.

Ob mit der Fähre, per Helikopter oder mit einer Propellermaschine von Skybus, der Archipel der 140 Isles of Scilly ist für jeden, der etwas Außergewöhnliches sucht, genau das Richtige. Schon die Anreise ist ein Erlebnis, vom Meer oder durch das kleine Fenster des Flugzeugs aus wirkt die Küste Cornwalls wie eine Zeichnung aus dem Märchenbuch. Man träumt von einem eigenen kleinen Haus in der Nähe der Klippen, von einem durch eine Steinmauer geschützten Nutz- und Ziergarten, in dem Gemüse und Blumen gleichberechtigt nebeneinander wachsen, und man kann sich kaum vorstellen, dass es einen schöneren Platz in Südengland gibt, um sich zur Ruhe zu setzen. Doch diese romantische Träumerei wird von der Realität schnell übertroffen, sobald man den ersten Schritt auf die Hauptinsel St Mary's macht. Man hätte es nicht für möglich gehalten, doch die Inselgruppe setzt dem Ganzen die Krone auf. Zwar mussten die Insulaner auf den letzten Besuch aus dem Königshaus im Juni 2011 immerhin 44 Jahre warten, doch das Ereignis brachte die ganze Begeisterung der Bewohner für ihre Königin und die schönsten Seiten der Inseln zum Vorschein. Und ließ die Menschen noch ausgeglichener, freudiger und mit lächelndem Stolz zurück: Ja, wir hier draußen sind nicht vergessen und etwas ganz Besonderes, das hat selbst unsere Königin beeindruckt. Diesem Eindruck, sich an einem herrlichen Fleckchen Erde zu befinden, erliegt jeder, der den Fuß auf eine der Inseln setzt.

Wehrhaft: Cromwell's Castle aus dem 17. Jahrhundert bewacht den New-Grimsby-Hafen auf Tresco Island (links). Am Hafen von St Mary's geht es beschaulich zu (oben). Es gibt kaum einen Einwohner der Isles of Scilly, der kein Boot besitzt.

Auf den vom Golfstrom verwöhnten Inseln scheint an durchschnittlich über 1800 Stunden im Jahr die Sonne, das macht sie natürlich zu einem gefragten Urlaubsziel für die Briten. Das könnte Begehrlichkeiten wecken, doch die Insulaner wissen genau, was sie wollen und was nicht. So bleibt die Zahl der Unterkünfte begrenzt, denn man möchte einem ausufernden Tourismus nicht die größten Schätze des Inselparadieses opfern: unberührte Natur, Ruhe und Abgeschiedenheit, kilometerlange, weiße Sandstrände, azurfarbenes Meer und ein Klima, das Heiterkeit in der Seele zu fördern scheint. Warum das alles aufgeben?

St Mary's, die entspannte Hauptinsel

Natürlich lebt man auch auf der größten Insel St Mary's nicht mehr vom Schmuggel, doch Traditionen wie die Narzissenzucht und der Fischfang in kleinen Booten blieben erhalten und sind noch immer eine wichtige Einnahmequelle. So wird auch in Zukunft der gemeinsame Umweltrat der Inseln die Gästebetten nicht ausweiten. St Mary's ist nur fünf Kilometer lang und rund drei Kilometer breit, die Mehrzahl der etwa 2000 Einwohner lebt in der »Hauptstadt« Hugh Town, doch findet man überall verstreut kleine Farmen, Höfe, Ansiedlungen und Gästehäuser, die zu einer Erfrischung einladen. In Hugh Town legen die Fähren von Penzance an, gibt es einen kleinen Flughafen für den Skybus, der den Ort mit Land's End, Newquay oder Plymouth verbindet. Von der Festungsanlage The Garrison, einst zum Schutz vor der spanischen Armada errichtet, hat man einen wunderbaren Blick über die Inseln, und im Isles of Scilly Museum wird die Geschichte der Fischer, Seeleute und Farmer der Inseln erzählt.

Tresco und die Schmugglerhöhle

Die zweitgrößte Insel, Tresco, erreicht man in knapp 20 Minuten mit dem Motorboot, im Hafen von Hugh Town auf St Mary's bieten mehrere Seeleute regelmäßige Überfahrten an, die meistens auf der Hinfahrt an der Südspitze Carn Near anlegen. Von dort aus führt ein schöner, gut begehbarer Wanderweg zum Hauptort New Grimsby, vorbei an

Für die Möwen heißt es nur, den richtigen Zeitpunkt abzuwarten, bis die Boote wieder einlaufen und den Fang am Kai verkaufen. Da fällt sicher etwas für sie ab.

Der wunderbare Klostergarten auf Tresco ist es schon allein wert, auf die kleine Insel überzusetzen. Die subtropische Vegetation ist faszinierend.

Tresco Abbey, den langgezogenen Stränden der Appletree Bay und über den Plumb Hill zum New-Grimsby-Hafen. Selbst in den Sommermonaten begegnet man hier nur selten Wanderern, Ornithologen oder Meeresbiologen, die wenigen Urlauber verteilen sich beinahe unbemerkt über die Insel.
Am Nordende von Tresco kann man von den Ruinen des King Charles Castle hinüber nach Bryher schauen und über die Klippen Piper's Hole erreichen, eine legendäre Schmugglerhöhle samt kleinem See.
Auch Meerjungfrauen sollen hier gesichtet worden sein. Vorsicht ist geboten, wenn man eine solche Schönheit entdecken sollte, denn die Nordspitze ist durchzogen von alten Zinngruben, aus denen man nur schwer wieder herausfindet. Im Jahr 2003 wurden auf Tresco mehrere Reste von Hütten aus der Bronzezeit entdeckt, die durch Verbindungswege miteinander verknüpft sind. Wenn man genug Geld aufgetrieben hat, sollen Ausgrabungen die Vergangenheit ans Tageslicht bringen. Bis dahin genießt man hier ganz einfach das Leben, so wie es ist, und sorgt sich nicht um unfertige Projekte einer fernen Zukunft.
Auf Tresco gibt es eine Gartenanlage mit imposanten Bäumen, Stauden und tropischen Pflanzen wie Agaven, Zimtbäumen, Eukalypten, Palmen und Bananen, die jeden Gartenliebhaber verzückt. In Abbey Garden wähnt man sich wie in der Südsee, so üppig, farbenfroh und im klaren Sonnenlicht glänzend präsentiert sich das Anwesen, das ab 1834 um die Überreste eines St.-Nikolaus-Klosters aus dem 12. Jahrhundert herum entstanden ist. Der ehemalige Eigentümer der Inseln, Augustus Smith, trug eine außergewöhnliche Vielfalt an Pflanzen und Bäumen aus aller Welt zusammen, die auf über 5000 subtropische Arten angewachsen ist. Die heutige Besitzerfamilie Dorrien-Smith beschäftigt allein neun Gärtner, die alles hegen und pflegen. Sehenswert ist auf dem Gelände in einem Museum auch die Sammlung von Galionsfiguren, die von Schiffen stammen, die in den umgebenden Gewässern gesunken sind.

Wein auf St Martin's

Viele Tagesausflügler besuchen St. Martin's, die nordöstlichste der Isles of Scilly, wegen ihrer traumhaften Strände, die sich mit den besten der Karibik oder Polynesiens messen können. Doch nur die Strände zu besuchen, hieße, der drittgrößten Insel des Archipels nicht gerecht zu werden. Ein Spaziergang von Higher Town zur Lower Town quer über die Insel macht vertraut mit dem purpurfarbenen Heidekraut und dem goldenen Ginster, der in der Sonne strahlt. Selbst Reben gedeihen hier prächtig, bei Val und Graham Thomas kann man die Weinberge besichtigen und den St Martin's Reichensteiner Weißwein probieren. Wer dem Charme der Insel verfällt, muss sich allerdings frühzeitig um eine der wenigen Unterkünfte kümmern, denn außer dem St Martin's Hotel werden nur noch einige Privatzimmer vermietet. Für an Archäologie Interessierte gibt es vor allem rund um Chapel Down im

Auch wenn die Isles of Scilly wie am Ende der Welt gelegen erscheinen, gibt es dennoch genügend Möglichkeiten, mit dem Rest der Welt verbunden zu werden – und sei es durch Telefonhäuschen wie hier auf St Martin's (links). Das Vieh hingegen (rechts) kommuniziert lieber direkt und ohne Medium miteinander.

Ostteil der Insel prähistorische Menhire und Kultstätten der Bronzezeit zu entdecken. Oder man klettert bei Ebbe über die Felsen am Nordende von St Martin's und wird einfach nur verzaubert von der archaischen Einsamkeit des White Island.

Strände und Klippen

Die südwestlichste Ortschaft der gesamten Britischen Inseln ist St Agnes mit dem bei Ebbe über eine Sandbank zu erreichenden Gugh. Hier haben zahlreiche Seevögel wie Tölpel, Sturmvogel, Papageientaucher, Lumme, Tordalk oder die Dreizehenmöwe ihr Rückzugsgebiet gefunden. Man sollte die ursprünglichste der Isles of Scilly nicht verlassen, ohne dem Old Man of Gugh einen Besuch abgestattet zu haben: Das fast drei Meter hohe prähistorische Monument ist ein Ritualstein der Bronzezeit, der wie ein Wächter aus vergangener Zeit Wind und Sturm getrotzt hat.

Das kleine Bryher ist die von den Naturgewalten des Atlantiks am stärksten betroffene unter den bewohnten Inseln. An der Felsküste und den Klippen des Shipman Head und der Hell Bay im Nordwesten brechen sich die Wogen des Meeres, im Süden an der Green Bay aber locken sanfte Strände.

Klarer Sternenhimmel …

Die Isles of Scilly bieten natürlich auch zahlreiche Möglichkeiten, unsere Erde als »blauen Planeten« und unseren Sternenhimmel als »unendliche Weiten« zu erleben. Schon tagsüber eröffnet der Blick in den Himmel jedem das Gefühl von Unendlichkeit. Die Inseln besitzen aber auch aufgrund ihrer intakten Umwelt, ihrer klaren Gewässer und der reinen Luft einige der klarsten und dunkelsten Himmelsansichten in ganz Großbritannien. Hier kann man im St. Martin's Observatorium Sterne beobachten, und das nicht nur in der Nacht. Es gibt zwei Teles-

wichts stehen auf den Isles of Scilly an oberster Stelle. Nicht selten bekommt man dabei Blauhaie zu sehen und eine maritime Vogelwelt, die auch Kormorane und Papageientaucher umfasst.
Eine bedeutende Gruppe von Kegelrobben nutzt die Gewässer zur Aufzucht ihres Nachwuchses.

kope, eines für die nächtliche Beobachtung des Himmels und eines, mit dem man die Tiefen unserer Galaxie sogar tagsüber erkunden kann. Dabei kann man außergewöhnliche Himmelskonstellationen, Sternschnuppen und die Milchstraße entdecken. Auch Workshops und Seminare werden abgehalten. Das Observatorium steht nicht nur Astro-Wissenschaftlern offen, sondern vermittelt auch Besuchern aller Generationen ein intensives Gefühl für die Vielfalt des Planetensystems.

... und blaue Tiefen

Die Scilly-Inseln wurden selbstverständlich auch zur *Area of Outstanding Beauty* erklärt, eine Klassifizierung, die sie völlig zu Recht erhalten haben. Besonders ihre Gewässer ringsherum bieten eine Artenvielfalt, die sich hinter einem Great Barrier Reef nicht zu verstecken braucht. Die Unterwasserwelt kann man mit einem Glasbodenboot entdecken, von Mondfischen über Tümmler bis zu Seehunden, Thunfischen und Delfinen bekommt man viel zu Gesicht. Auch für Taucher und Schnorchler ist die felsige Unterwasserwelt ein Paradies. Selbst die Seehunde sind hier so zutraulich und neugierig, dass man mit ihnen in ihrer natürlichen Umgebung schwimmen kann. Oft genug berichten Taucher, dass die Seehunde sogar mit ihren Flossen gespielt hätten und »auf Augenhöhe« mit ihnen durch die Gewässer gewandert seien.
Ein Erlebnis sind auch die Sea Safaris, die in vertretbarer Anzahl angeboten werden, denn der Schutz der Natur und des ökologischen Gleichge-

ZINN IM BESUCHERBERGWERK

Wer seine Fähre von Penzance nach Hugh Town oder den Skybus von Land's End auf die Isles of Scilly verpasst hat, kann die Wartezeit bis zum nächsten Transfer mit einem Abstecher zur Geevor Tin Mine überbrücken. Diese ehemalige Zinnmine liegt zwischen den Ortschaften Trewellard und Pendeen an Cornwalls Südwestküste, das Besucherbergwerk ermöglicht einen authentischen Einblick in die schwierigen Bedingungen des Zinnbergbaus vom 18. bis ins 20. Jahrhundert. 1986 musste die Mine schließen, nachdem der Weltmarktpreis für Zinn um zwei Drittel gefallen war. 1988 wurde die Produktion noch einmal aufgenommen, bevor dann drei Jahre später das endgültige Aus kam. Mit viel Enthusiasmus und Unterstützung der Bergleute wurde sie danach in ein *Heritage Centre* umgewandelt, das bis heute die Besucher begeistert – genauso wie die Levant Mine bei St Just, oben im Bild zu sehen.

WEITERE INFORMATIONEN

Isles of Scilly Tourist Information Centre, Porthcressa Bank, St Mary's, TR21 0LW, Tel. 0044/1720/62 06 00, www.visitislesofscilly.com
Geevor Tin Mine, Pendeen, Penzance, Cornwall TR19 7EW, Tel. 0044/1736/78 86 62, https://geevor.com

Im Dartmoor National Park (Devon) finden sich vielerorts Plätze von mystischer Schönheit. Hier im Bild: das Windy Post Granite Cross

REGISTER

BILDNACHWEIS

Alle Bilder des Innenteils stammen von **Richard Gardner**, außer: **Jörg Berghoff:** S.13, 37 r., 65 r., 83, 117 r., 123, 124 r., 125, 141;

Huber Images: S.104 (Alessandro Saffo)

Mauritius: S.9 o. (David Hunter), 10–11 (Steve Vidler), 18 (Rob Read), 30–31 (Andrew Holt), 45 o. (Historical Images Archive), 58 (Steve Vidler), 79 r. (Chris Caldicott), 85 o. (Sam Oaksey), 86 (RAQUET PHOTOGRAPHY), 87 o. (David Cathell), 90 (Rolf Richardson), 91 u. (Mark Bauer), 93 o. (David Hansford), 100 (Steve Speller), 101 o. (Philip Bishop), 101 u. (Mark Bolton Photography), 106 (tony french), 113 o. (Ian Dagnall), 113 u. (Tricia de Courcy Ling), 114 (Gary West), 116 (Federico Zovadelli), 117 o. (Simon Montgomery), 118 (Steve Vidler), 119 u. (Steve Vidler), 120 (Anthony Brown), 121 (james hughes), 126 (Adam Burton), 128–129 (Adam Burton), 131 (Craig Joiner), 133 (Adam Burton), 142 (Steve Vidler), 154 (Adam Burton), 156 (Martin Siepmann), 157 o. (Steve Vidler), 157 u. (Paul Glendell), 159 (David Chapman), 162 (Maggie Sully), 163 (Ashley Cooper), 164-165 (Lloyd WA Cosway Photography)

Picture Alliance: S.39 (Andrew Matthews)

Shutterstock: S.8 (Anjo Kan), 19 (Sandra Standbridge), 21 o. (Nicole Pulham), 24 (BBA Photography), 26 (chrisdorney), 27 (Matthew J Thomas), 29 (David Hughes), 32–33 (GlennV), 35 r. (Hadrian), 38 (Alan Whitehead), 40 l. (OneToRemember), 47 r. (Sterling Images), 48–49 (Songquan Deng), 55 (lazyllama), 56–57 (I Wei Huang), 60 (Geoff Goldswain), 61 r. (Joe Dunckley), 68–69 (SuxxesPhoto), 76 (Helen Hotson), 77 u. (Amanda JE Alexander), 82 l. (Boyan Georgiev Georgiev), 87 u. (Kevin Hellon), 91 o. (FoodAndPhoto), 92 (Alexey Fedorenko), 94–95 (Gordon Bell), 96 (Kevin Eaves), 105 o. (ian johnston), 105 u. (Colin Michael Baker), 110–111 (Billy Stock), 122 (Christian Mueller), 124 (Christian Mueller), 130 (Nathan Danks), 132 (Helen Hotson), 135 r. (endlesssea2011), 136 (Inspired By Maps), 137 o. (Darren Galpin), 138 (Riska Parakeet), 139 (Helen Hotson), 140 l. (Serj Malomuzh), 140 r. (Mark Godden), 144–145 (Helen Hotson), 146 (ASC Photography) 147 u. (Helen Hotson), 147 r. (Helen Hotson), 149 (Helen Hotson), 151 (Monicami), 152 (Diana Mower), 153 o. (Mark Caunt), 158 (Neil Duggan), 161 (ChrisNoe).

Umschlag

Ein Cottage im Grünen – wie das Watersmeet House am East Lyn River im Exmoor National Park sieht für viele Reisende nach Südengland ihr Wunschziel für die Übernachtung aus (Craig Joiner/mauritius images).

Rückseite oben (v.l.n.r.): In Pangbourne am Ufer der Themse ist von der Hektik des Zeitgeschehens nicht viel zu spüren; im Walpole Bay Hotel in Margate beherbergt Janet Bishop illustre Gäste; den Ziegen sind die Steinkreise von Avebury keinen Seitenblick wert (alle von Richard Gardner).

Unten: Vor dem Hafen von St. Mary's auf den Isles of Scilly träumen die Boote in der Bucht (David Chapman).

S.1: Wilde Ponys im Exmoor-Nationalpark (Tony Brindley/Shutterstock)

S.2/3: Sonnenaufgang über der Jurassic Coast mit Blick auf die Kalksteinbrücke Durdle Door (Pajor Pawel/Shutterstock)

DER AUTOR

Jörg Berghoff, geboren 1954, studierte Kunstgeschichte und Ethnologie. Er ist Winzermeister und Verlagsbuchhändler, zugleich freier Autor und Journalist, und seit 1998 leitet er ein Pressebüro für Touristik, Kultur und Sport. Seine Reisen führen ihn regelmäßig nach Australien, Tasmanien, Irland und Großbritannien. Jörg Berghoff lebt bei Ansbach. Mehr unter: www.prberghoff.de

DER FOTOGRAF

Richard Gardner, geboren 1955, ist freischaffender Fotograf. Sein Portfolio deckt eine große Bandbreite von Themen ab, allen voran Reisefotografie, aber auch Unterhaltung und Porträts. Er veröffentlicht in Magazinen und Zeitschriften weltweit. Richard Gardner lebt in London.

DANKSAGUNG

Autor und Fotograf danken folgenden Organisationen für die Unterstützung:
Devon Association of Tourist Attractions, English Heritage, The Landmark Trust, Visit Hampshire, Visit Kent, Visit Isle of Wight, Visit England, Visit Britain.
Für zahlreiche Anregungen bedanken wir uns bei:
Anne Blackham, Beate Berghoff, Lana Crouch, Simon Crouch, Tasja Gardner, Sue Howarth.

IMPRESSUM

Verantwortlich: Carola Holzer
Lektorat: Britta Mentzel
Layout: Tanja Clauss, Clauss Designagentur
Korrektorat: Christine Miller
Kartografie: Huber Kartographie, Heike Block
Repro: LUDWIG:media
Herstellung: Alexander Knoll
Printed in Slovenia by Florjančič Tisk

★★★★★

Sind Sie mit diesem Titel zufrieden? Dann würden wir uns über Ihre Weiterempfehlung freuen.
Erzählen Sie es im Freundeskreis, berichten Sie Ihrem Buchhändler, oder bewerten Sie bei Onlinekauf. Und wenn Sie Kritik, Korrekturen, Aktualisierungen haben, freuen wir uns über Ihre Nachricht an Bruckmann Verlag, Postfach 40 02 09, D-80702 München oder per E-Mail an lektorat@verlagshaus.de.

Unser komplettes Programm finden Sie unter

www.bruckmann.de

Alle Angaben dieses Werkes wurden vom Autor sorgfältig recherchiert und auf den neuesten Stand gebracht sowie vom Verlag geprüft. Für die Richtigkeit der Angaben kann jedoch keine Haftung übernommen werden.

Die Deutsche Nationalbibliothek verzeichnet diese Publikation in der Deutschen Nationalbibliografie; detaillierte bibliografische Daten sind im Internet über http://dnb.d-nb.de abrufbar.

2. Auflage 2025

Infanteriestraße 11 a,
80797 München
ISBN: 978-3-7343-3085-8